LA BANDA DE PICA PAU 3

Fotografía: Yan Schenkel y Matías Gorostegui
Ilustraciones: Yan Schenkel
Diseño gráfico: Meteoor books
Diseño de la cubierta: Yan Schenkel

Corrección de estilo: Anna Ubach Royo
Edición a cargo de Carmen H. Bordas

1ª edición, 2ª tirada, 2023

Printed in Spain
ISBN: 978-84-252-3415-6
Depósito legal: B. 4122-2023
Impreso por: Gràfiques Martí

Editorial GG, SL
Via Laietana 47, 3.º 2.ª, 08003 Barcelona, España.
Tel.: (+34) 933 228 161
www.editorialgg.com

YAN SCHENKEL

LA BANDA DE PICA PAU 3

20 nuevos personajes

GGDIY

ÍNDICE

Aquí estamos de nuevo. Emoción y ansiedad mezcladas en un combo maravilloso que me pone la piel de gallina. Felicidad y nervios a la par. Mi tercer-cuarto (¿y primer?) libro de criaturas tejidas al crochet. Sí, puede parecer un poco complicado: es mi tercer libro en algunos países, pero el cuarto en castellano y francés. Al mismo tiempo, y como algunos de ustedes ya sabrán, este libro incluye algunos de los personajes que formaron parte del primero, publicado hace mucho tiempo en una galaxia muy, muy lejana. Podríamos decir que es algo así como un nuevo álbum de música con un par de viejas canciones remasterizadas y un montón de temas inéditos que sale tras un par de discos más o menos exitosos... Bueno, no es tan complicado, pero el camino hasta aquí ha sido un desafío, a veces, un tanto intimidante.

Pica Pau nació en 2009, y en 2015 lanzaba mi primer libro en Argentina: *El mundo de Pica Pau*. Ha pasado el tiempo y mi forma de diseñar muñecos ha evolucionado o, al menos, ha cambiado un poco. Como durante años solo me dediqué a tejer y vender todo lo que hacía, a la hora de diseñar mis personajes buscaba que tuvieran líneas simples, fáciles de reproducir y reconocer. En ocho años tejí más muñecos de los que puedo recordar, unos cuantos miles. Sin exagerar, tejí la primera versión de Lucas Zorro más de quinientas veces. Sí, me lo sabía de memoria, y hasta hoy puedo tejer varios de esos personajes sin consultar el patrón. Como todos tenían partes más o menos iguales, tejía brazos, orejas y cabezas en todos lados, todo el día, a diario. Jamás salía de casa sin mi bolsita de hilos, aguja y mi indispensable cinta adhesiva para el dedo.

Por aquel entonces era mamá a tiempo completo y en mi tiempo libre me convertía en tejedora, diseñadora, autora, fotógrafa y administradora de las redes sociales, y estaba a punto de publicar ese primer libro. Por un lado, me sentía orgullosa de poder hacer malabarismos con todas esas pelotas a la vez, sentía que era mi superpoder. Pero al mismo tiempo vivía cansada y me costaba encontrar ese espacio de disfrute que alguna vez supo darme mi oficio. Poco a poco, el pasatiempo que se había convertido en un trabajo secundario para luego ser mi profesión de tiempo completo comenzó a consumir toda mi energía creativa y mi energía en general.

Vivimos absortos en la idea de ser productivos cada minuto del día, obtener el resultado lo antes posible, incluso con lo que hacemos en nuestro tiempo libre. Rara vez me permitía reducir la velocidad y observar con atención lo que estaba haciendo, detenerme para disfrutar de las vistas y, con suerte, oler las rosas por el camino. Entonces, me paré. Lo necesitaba. Entre tanto hacer, ya no sabía qué buscaba, hacia dónde quería ir. Bajar el ritmo no solo fue esencial para entender dónde estaba sino también para aprender a manejar las frustraciones que me generaba vivir acelerada, la necesidad de querer hacerlo todo ahora.

Así, (un poco) más quieta, entendí que lo que me hacía feliz era diseñar, dibujar, proyectar, hacer y deshacer mil veces mis muñecos hasta que se materializaba la idea que tenía en mente, pasar días tejiendo la misma pieza hasta que quedara (casi) exactamente como me la había imaginado, que funcionara. Y todo mientras veía mis series y películas favoritas, obvio. Si vamos a desear, deseemos el sueño completo. También sabía que quería enseñar lo que hacía, pero no solo técnicas y puntadas, sino a tratar de encontrar ese frágil equilibrio entre la autocrítica y la paciencia, a ser amables con nosotros mismos, en especial durante los procesos de aprendizaje y desarrollo de un oficio, darse el tiempo para aprender un punto o nueva técnica, tenernos paciencia cuando un proyecto de tejido no sale como queremos.

Hace muchos años, cuando estudiaba artes, un profesor solía decirnos: "Dejen que el trabajo descanse. Un día, una semana, un mes. Déjenlo reposar, tómense el tiempo de mirarlo con los ojos descansados y la cabeza más fresca. Recién luego decidan si vale la pena continuar o si deben comenzar en otro lugar, o tirarlo y empezar de nuevo. De cualquier manera, siempre es parte productiva del proceso de aprendizaje". Entender que esos tiempos que parecen perdidos a nivel productivo son tan importantes como aquellos en los que sentimos que logramos algo creo que es lo que nos ayuda a darnos cuenta de que estamos siempre avanzando. Los espacios vacíos entre los llenos nos permiten reconocer el contorno de la figura.

Entonces, para ser breve (o no): **desaceleremos**. Estamos aquí para aprender, para disfrutar de nuestro tiempo en el camino. Estamos aquí para tejer, un proceso manual íntimamente conectado con el ritmo de nuestro cuerpo —tensión, tacto del material, movimiento de nuestro cuerpo al hacer cada punto, pensamientos, tensión de nuevo, respiración—. Estamos tejiendo, una acción que nos permite crear prendas, abrigos, objetos, juguetes, sustancia... con un poco de hilo y una aguja de crochet, punto a punto, entre espacios llenos y vacíos. Y eso es maravilloso.

CUANDO TEJAN MIS PATRONES

Este libro, como los anteriores, está divido en dos partes: una primera sección dedicada a las herramientas, materiales, puntos básicos y técnicas del crochet, y una segunda parte centrada en los patrones, que, a su vez, están ordenados según su nivel de dificultad. Dicho esto, creo importante que tengan en cuenta que este orden puede ser bastante subjetivo. Tal vez se sientan más cómodos tejiendo el diseño cuadrúpedo de Eduardo Tiernosaurio, al final del libro, que tejiendo el Jacquard para el rostro de Ron Panda Rojo, listado entre los primeros personajes. Fuera de todo el orden, estoy segura de que comenzarán tejiendo el personaje que más les guste, sin importar su nivel de dificultad.

Además de los puntos y técnicas básicas de la primera parte, a lo largo de todo el libro también encontrarán consejos, técnicas y fotos paso a paso. Esto quiere decir que, mientras estén trabajando en un personaje, puedo referirme a técnicas o ilustraciones utilizadas en un patrón anterior.

Intenten practicar cada nuevo punto y nueva técnica hasta que puedan mover las manos sin pensar. Requiere tiempo. Tómense ese tiempo para ustedes, para encontrar su propio ritmo. Si recién comienzan en el mundo del crochet, hagan cientos de puntos cadena y más, antes de pasar al siguiente punto. Permítanse disfrutar del proceso de aprender algo nuevo, de hacer algo con sus manos. De volver a empezar. De respirar entre uno y otro paso.

Recuerden que no hay reglas sobre puntos o técnicas de crochet. Hagan lo que les resulte más confortable o natural, sean ustedes mismos. Cambien lo que no les funcione, hagan o deshagan vueltas según sus preferencias. Nunca me voy a cansar de repetir que los libros son puntos de partida para un viaje más largo. Ahora bien, si buscan que sus muñecos se vean lo más parecido posible a los de las fotos del libro, les sugiero que tengan en cuenta un par de observaciones:

¿Qué variedad de medio punto (punto bajo) están haciendo?

Sí, me hace feliz contarles que existen al menos dos versiones del punto más usado para tejer muñecos. ¿Y cuál es mejor? Ninguna. O ambas. Por eso quiero que las conozcan, que puedan reconocerlas antes de elegir con intención, siendo conscientes de que el resultado será diferente. Ni mejor ni peor.

Cuando tejo mis muñecos, prefiero usar el medio punto con forma de X, el que se logra lazando o tomando la hebra por debajo (*yarn under*, en inglés). Este punto es más compacto porque el hilo se tuerce cuando hacemos la primera lazada. El resultado será un punto más ajustado y pequeño, por lo que obtendremos un muñeco más compacto. También es probable que los tejidos con este punto sean un poco más largos que anchos, y el tejido resulte menos fluido.

Además, existe una diferencia notable al hacer los cambios de color. La forma del medio punto X es casi como un cuadrado, como un píxel, y a veces los puntos parecieran alinearse mejor. Al tejer patrones Jacquard, la línea entre los cambios de color se apreciará más recta.

¡Ojo! Si hay muchas vueltas con cambios de color, verán que la línea girará hacia un lado. Recuerden que están tejiendo en espiral, y todo el tejido se gira cuando trabajan de este modo, no solo el cambio de color. Por favor, intenten comprender esta "imperfección", sean amables con ella. Sí, sé que es difícil, pero es parte de la técnica, de nuestro oficio.

La otra variante es el medio punto con forma de V, el más clásico, en el que lazamos o tomamos la hebra por arriba (*yarn over*, en inglés). Este punto ofrece un tejido más fluido y un muñeco más blandito, probablemente más grande, un poco más ancho y menos alto. Tengan en cuenta que estas características se aplican a todas las piezas que vayan a tejer. Un hocico tejido con medio punto X se verá más finito y largo que uno con medio punto V.

Recuerden también que tiende a girarse un poco más hacia un costado, por lo que una línea de cambios de color puede que se vea más inclinada que la tejida con medio punto X.

Pueden encontrar más información de ambas variantes en la página 24.

¿Qué hilado van a utilizar?

Tejí a los personajes de este libro con algodón peinado, bastante grueso, que entraría en la categoría *worsted*, 8/8 (100 g/170 m). Cualquier otro grosor de hilado que utilicen, por supuesto, modificará el tamaño del muñeco. Si están usando un hilado acrílico o lana, el resultado será menos rígido, más esponjoso, porque estos son más elásticos que el algodón. Esto se traduce en que, si optan por usar el medio punto V con hilado acrílico o lana, el resultado final quizá sea aún más esponjoso, redondeado y grande que los que se ven en mi libro. Y eso también está perfecto.

La tensión

¡Oh, la tensión! Esta variable es complicada porque es casi imposible de cambiar, o cambia sola cuando menos lo esperamos. Por eso siempre les voy a recomendar que cambien de tamaño de aguja en lugar de intentar modificar la tensión natural que tengan, al menos al principio.

Cuando comencé a tejer muñecos, apretaba muchísimo los puntos porque tenía miedo de que se notara el relleno. Hacía los puntos tan ajustados que me dolían las manos de tanto tensar y luego intentar pasar la aguja de crochet a través de ese tejido exageradamente compacto. No lograba relajar ni mis manos ni mi cuerpo, ni mucho menos la cabeza.

Con el tiempo y la práctica, mis puntos se volvieron más fluidos sin por eso perder la densidad necesaria en un muñeco, así que comencé a relajarme. No hay trucos de magia ni atajos. El tiempo y la práctica me dieron más confianza para tejer casi sin pensar lo que estaban haciendo mis manos.

Hoy, después de muchos años de tejer al crochet todos los días, puedo controlar un poco más la tensión y cambiar de grosor de hilados sin variar el tamaño de mi aguja de crochet.

Encontrarán esa pareja ideal entre el hilado y la aguja, que en mi caso, y para tejer muñecos, es el de algodón semigrueso (o *worsted*, 8/8, 100 g/170 m) con una aguja de 2,75 mm.

En resumen, experimenten. Prueben ambas formas de hacer el medio punto, tal vez encuentren una tercera. Prueben diferentes hilados y grosores. De hecho, si pueden, hagan dos versiones de la misma pieza usando hilado de algodón, acrílico y lana del mismo grosor, además del mismo número de aguja de crochet, para que puedan ver las diferencias y elegir cuál prefieren.

Continúen jugando, probando distintos tipos de aguja e hilado hasta encontrar esos combos perfectos que permitan que su tensión natural fluya sin esfuerzo, los puntos sean más parejos y el tejido, más uniforme. Porque esa conexión entre las manos y el producto final es esencial para que el resultado nos saque una sonrisa, y no nos duelan las manos.

Por último, pero no menos importante, recuerden que están tejiendo muñecos con sus manos. Nunca habrá dos piezas tejidas que se vean igual. Y esa es la perfecta imperfección de las cosas hechas a mano.

La tensión en prendas y accesorios

Como ya les he contado, la tensión al tejer se hará consistente. Solo necesitan usar la aguja de crochet correcta para obtener un tejido ajustado pero fluido.

Si desean hacer prendas a su muñeco, es importante que comprueben que la ropa esté calzando bien mientras la tejen, ya que todos tenemos una tensión distinta cuando cambiamos de vueltas a hileras. No querrán descubrir al final del tejido que han hecho los pantalones unas tallas más grandes.

Si notan que el atuendo está quedando grande, pueden cambiar a una aguja más pequeña para que el tejido quede más ajustado, más pequeño. Si, por el contrario, las prendas se ven muy pequeñas, les recomiendo cambiar a una aguja de mayor numeración para que el tejido quede más suelto y grande.

Tengan en cuenta que algunas de las prendas de este libro están tejidas con un hilado más fino que el utilizado para el muñeco. Asegúrense de no pasar por alto ese detalle.

MATERIALES Y HERRAMIENTAS

A base de experiencia, elegimos nuestras herramientas y materiales favoritos, además de hacernos una opinión bien formada sobre cuáles consideramos las mejores técnicas y qué preferimos evitar.

Fuera de los gustos y preferencias de cada tejedora y tejedor, es bueno tener en cuenta que las herramientas y los hilados de buena calidad nos ahorrarán horas de frustración. Siempre que sea posible, elijan calidad sobre cantidad. Recuerden que las agujas de crochet y de coser tienen la costumbre de perderse en los lugares y los momentos más insólitos, así que asegúrense de tener alguna de repuesto.

AGUJA DE CROCHET O GANCHO

Nota: Por supuesto, no he probado todas las agujas que existen en el mercado ni puedo estimar qué tipo de aguja es mejor para cada uno de ustedes. Encontrar la favorita es una misión personal. Pero como no quiero que se sientan a la deriva en un mar de posibilidades, voy a contarles lo que he aprendido.

Quizá hayan notado que, aparte de la gran variedad de tamaños, las agujas de crochet vienen en diferentes materiales. La elección de cuál usar depende del gusto personal. Sin embargo, si planean usar hilo de algodón, les recomiendo usar agujas de **acero inoxidable** o **aluminio**. Las agujas de crochet de aluminio son una gran opción, ya que se deslizan con facilidad entre los puntos, son livianas y tienen el rango más amplio de tamaños. Las más delgadas (menos de 4 mm) pueden llegar a doblarse si se les aplica mucha presión, lo que suele suceder cuando se tejen muñecos. Para evitarlo con las agujas más finitas, elijan las que tengan mangos de silicona, plástico, madera o bambú, u opten por las de acero inoxidable, mis favoritas, ya que tiendo a descargar gran cantidad de tensión al tejer.

Las agujas de **madera** y **bambú** son hermosas, y algunas marcas tienen un acabado increíblemente suave, pero solo las recomiendo si van a trabajar con hilados gruesos o van a hacer prendas con un punto más suelto. Lo mismo ocurre con las agujas de **plástico** y **acrílico**, que suelen utilizarse para trabajar materiales gruesos, como los hilados de tela reciclada. Para ser sincera, nunca he probado las de acrílico.

Además del material con el que está fabricada, es aconsejable chequear la anatomía de la aguja, es decir, su terminación y la forma de cada parte. En cuanto a la **punta**, prefiero la redondeada o de punta roma, sin bordes ásperos. Siento que son las agujas que mejor se deslizan entre los puntos y no se enganchan ni separan las hebras del hilo.

También deben prestar atención a la **garganta** o **cuello**. Esta muesca, la parte más entallada de la aguja, es la que engancha el hilo y nos permite pasarlo a través de los puntos y las lazadas. Necesitan una aguja con una garganta lo suficientemente grande como para tomar el hilo con el que están trabajando y, al mismo tiempo, que pueda pasar por la lazada y no se salga de la aguja al pasar por los puntos. Esto es muy importante a la hora de tejer muñecos, ya que van a estar usando una aguja dos o tres tamaños menor a la recomendada para el hilado.

Otro detalle que hay que tener en cuenta es el **mango** o **empuñadura**. Puedo decir, casi sin lugar a duda, que es la decisión más personal. En mi caso, como sostengo la aguja de crochet como si fuese un cuchillo (página 18), prefiero las agujas sin mango o con mango más bien pequeño. Pero si la sostienen como un lápiz, quizá prefieran las que tienen mango ergonómico.

Las agujas de crochet son como las lapiceras, se puede tejer o escribir con cualquiera, hasta que encontramos esa especial que nos cambia la vida. Tal vez es una afirmación un tanto dramática, pero tiene su cuota de verdad. No les va a cambiar la vida, pero sí la forma en la que tejen, en especial si lo hacen todo el día.

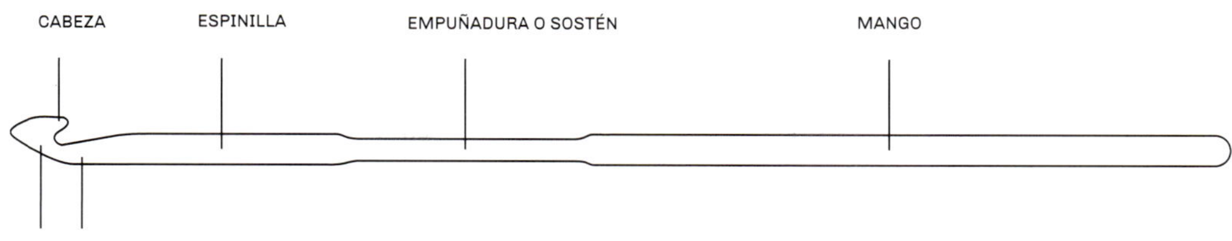

CABEZA   ESPINILLA   EMPUÑADURA O SOSTÉN   MANGO

PUNTA   GARGANTA O CUELLO

TAMAÑOS/NUMERACIÓN

Como guía básica, cuanto más grueso sea el hilo, más gruesa será la aguja y más grande será el punto. Si tejen muy suelto, usen una aguja más pequeña para que el tejido quede más apretado. Si tejen muy ajustado, usen una aguja grande para aflojar el punto. El tamaño de la aguja debe ser el que les resulte confortable para obtener el resultado deseado. Como tenemos nuestra propia tensión natural a la hora de tejer, es más fácil cambiar el tamaño de la aguja que modificar la tensión que aplicamos.

El tamaño de las agujas se indica utilizando diferentes sistemas que dependen del país de origen y el fabricante. Se usan letras, números o una combinación de ambos. En la tabla que encontrarán a continuación verán los tres sistemas más comunes: métrico, el del Reino Unido y el de Estados Unidos. En este libro utilizo el métrico y el de Estados Unidos.

EQUIVALENCIAS DE LAS AGUJAS DE CROCHET

MÉTRICO	REINO UNIDO	EE. UU.
2 mm	14	-
2,25 mm	13	B-1
2,5 mm	12	-
2,75 mm	-	C-2
3 mm	11	-
3,25 mm	10	D-3
3,5 mm	9	E-4
3,75 mm	-	F-5
4 mm	8	G-6
4,5 mm	7	7
5 mm	6	H-8
5,5 mm	5	I-9
6 mm	4	J-10
6,5 mm	3	K-10,5
7 mm	2	-
8 mm	0	L-11
9 mm	00	M-13
10 mm	000	N-15

HILADOS

Podemos usar casi cualquier material que se pueda hilar: lana, algodón, cuerdas, cintas, cuero, alambre, incluso bolsas de plástico o papel. Cada tipo de hilado tiene sus pros y sus contras. Permítanse experimentar con distintos materiales, ya que es la mejor manera de aprender y encontrar lo que más nos gusta y es más adecuado para cada proyecto.

Cuando tejan muñecos, tengan en cuenta a sus destinatarios, y siempre traten de hacerse con hilados de calidad, agradables al tacto y amables al tejer. Como consejo general para todo lo que consuman, si tienen la posibilidad, elijan orgánicos o de origen sustentable.

Algodón

El algodón es la fibra más utilizada para tejer muñecos y, según mi experiencia, la que da mejores resultados. Es una fibra vegetal natural hecha de celulosa (otros hilados de fibras vegetales son el lino, el yute, el rayón, el bambú, el cáñamo, etc.). Además de ser un material hipoalergénico, es muy duradero, fácil de lavar, muy suave al tacto y con abundancia de colores entre los que elegir. Es un hilado prácticamente sin elasticidad, algo que buscamos cuando queremos mantener la forma del muñeco. Sin embargo, y debido a esta carencia, puede que la aguja no se deslice con tanta facilidad y que, a veces, al estar compuesto por varias hebras, pueda deshilacharse o engancharse con la aguja de crochet.

Los hilados de algodón pueden encontrarse en variedad de presentaciones: desde los más rústicos y opacos hasta los más brillosos, los mercerizados y los peinados (sus hilos se peinan para eliminar las fibras cortas y obtener una mayor suavidad y resistencia).

Lanas

Otro tipo de fibras naturales son las de proteína que provienen del pelo de los animales, como la lana de oveja, la alpaca, la angora y el mohair, o de las secreciones de insectos, como la seda.

Como estos hilados son más elásticos que los de origen vegetal, es probable que los muñecos tejidos con lanas pierdan un poco su forma con el tiempo.

Si son principiantes, es conveniente evitar las más peludas (como la angora y el mohair) porque su textura oculta la estructura del tejido y es muy difícil saber dónde insertar la aguja.

Fibras sintéticas

Hechas a partir de polímeros (plásticos), los hilados sintéticos suelen hilarse de manera tal que se asemejen a los de fibras naturales en textura y sensación. Aunque suelen ser más económicos y se deslizan muy bien en la aguja, los de menor calidad tienden a encapsularse (se hacen bolitas de pelusa) y generan estática. Al igual que con las lanas, los muñecos tejidos con acrílico quedan más blanditos, característica que hay que recordar en especial en animales con cuellos muy largos o patas que tienen que mantenerse en pie.

Grosor/peso

La relación entre el peso y el número de metros es el grosor de un hilado. Internacionalmente, la mayoría de las publicaciones y los fabricantes utilizan una serie de términos estándar para indicar la relación grosor/peso. De forma ocasional, también se menciona el número de hebras/cabos (PLY en inglés), pero hay que tener en cuenta que un aumento en la cantidad de hebras no implica que el hilo sea más grueso.

NÚMERO	NOMBRE	TIPOS DE HILADO EN CATEGORÍA (inglés)	CABOS (hebras)	m/100 g	AGUJA RECOMENDADA (mm)
0	laso	*fingering*	1-2 cabos	600-800 o más	1,5 - 2,5
1	superfino	*sock, fingering, baby*	3-4 cabos	350-600	2,25 - 3,5
2	fino	*sport, baby*	5 cabos	250-350	3,5 - 4,5
3	ligero	*DK (double knitting), lightworsted*	8 cabos	200-250	4,5 - 5,5
4	mediano	*worsted, afghan, aran*	10-12 cabos	120-200	5,5 - 6,5
5	grueso	*chunky, craft, rug*	12-16 cabos	100-130	6,5 - 9
6	supergrueso	*super bulky, super chunky, roving*		menos de 100	9 y mayores
7	jumbo	*jumbo, roving*		menos de 100	15 y mayores

Ahora bien, esta clasificación solo nos proporciona un aproximado de lo que podemos esperar. Un hilado formado por cuatro cabos o hebras puede ser más grueso que uno formado por ocho si las hebras de este último son más delgadas. Además, dentro de la misma categoría podemos tener hilados que en 100 g tienen longitudes que van desde los 350 a los 600 m. Por supuesto, la diferencia no es menor.

Por esta razón, y según mi experiencia, el dato que aporta la mejor información sobre el hilado en términos de rendimiento y tamaño final del proyecto (si hablamos de muñecos, para prendas siempre debemos hacer una muestra) es el grosor, o sea, la relación entre el peso y la cantidad de metros.

OTRAS NOMENCLATURAS NO INCLUIDAS EN ESTA TABLA

Grosor de la hebra/cantidad de hebras (ejemplo: 8/4, 8/6, 8/8)

Común en Argentina y algunos países europeos, este cifrado indica el grosor de cada hebra (el primer número, en este caso, el 8) y el número de hebras utilizadas para hacer ese hilado concreto (el segundo número, 4, 6, 8 respectivamente). Esto quiere decir que todos los hilados en esta categoría (8) tendrán hebras del mismo grosor, pero uno estará hilado con cuatro hebras, otro con seis y el último con ocho.

Volviendo al cuadro, el hilado 8/8 debería ser DK *or light worsted*/ligero porque tiene ocho hebras. Pero si en la etiqueta pone "100 g/170 m" entraría en la categoría *worsted or aran*/mediano.

TEX (masa lineal de una fibra)

En Brasil, las etiquetas incluyen el número TEX, que hace referencia a la cantidad de gramos por 1 km. O sea, nos informa de una relación peso por metros. Si el número TEX es 492, tenemos un hilado que cada 1.000 m pesa 492 g. Si hacemos una regla de tres simple o proporción, si 492 g son 1.000 m de hilo, cada 100 g tendríamos 203 m.

OTRAS HERRAMIENTAS Y MATERIALES ESENCIALES

Las **agujas para coser lana** o de **tapicería** se usan para unir partes, coser y terminar las piezas tejidas. Las ideales son las de punta roma (redondas y sin filo), para que no se enganchen ni deshilachen el hilo. Estas agujas tienen un ojo grande para que pasen hilados más bien gruesos (el ojo es el agujero por donde pasan el hilo), pero cuiden que no sea demasiado grande porque pueden aumentar el espacio entre los puntos.

Solo necesitan un par de **tijeras**, pequeñas y livianas, de buena calidad y bien afiladas. En mi caso, tengo unas cuantas, de diferentes formas y tamaños, pero la mayoría solo sirven para las fotos.

El **marcador de puntos** es, como su nombre indica, el elemento que utilizamos para marcar un punto que no queremos perder de vista. Existen en variedad de formas, tamaños y calidades. También pueden usar clips para papel, alfileres de gancho, horquillas para el pelo (mi marcador preferido) o cualquier otra cosa que sirva para tal fin. Al tejer en espiral o circular, no importa si marcan el primer o el último punto de cada vuelta, pero sean constantes.

No uso muchos **alfileres**, pero son muy útiles para sujetar la cabeza o alguna extremidad al cuerpo del muñeco a la hora de coser. Procuren conseguir los de cabeza grande de plástico o vidrio, ya que son fáciles de encontrar en el tejido y su cabeza grande evita que se deslicen a través de los puntos.

Para **rellenar** los muñecos utilizo vellón siliconado (fibra de poliéster), el mismo que se usa para rellenar almohadones. Es relativamente fácil de conseguir, económico, lavable e hipoalergénico. Tengan en cuenta que rellenar un muñeco puede ser un poquito más complejo de lo que parece: en exceso estira el tejido y deja ver el vellón a través de los puntos. Poco relleno hace que el muñeco parezca triste, como si el pobre se hubiese desinflado. Intenten ir colocando pequeñas cantidades de relleno, agregando de a poco hasta conseguir el aspecto deseado.

Hay una gran variedad de elementos extra que pueden usar para decorar los muñecos: ojos y narices de plástico de todos los colores y formas, botones, cintas, lazos, etc. Para mis personajes solo utilizo **ojos plásticos de seguridad**. Están compuestos por dos partes: el ojo en sí, que puede ser chato o redondeado, más una traba o arandela que se coloca por dentro. Si se ajusta bien, es casi imposible de quitar. Si temen que la tenacidad de un niño pueda sacarlos, pueden aplicarle pegamento universal en la arandela (por dentro del muñeco) antes de colocarlo. Por otro lado, pueden bordar cualquiera de los rasgos faciales, la mejor opción si los muñecos son para menores de tres años.

INTRODUCCIÓN AL CROCHET

SUJETAR LA AGUJA DE CROCHET Y LA HEBRA (POSICIÓN DE LA MANO)

Sostener una nueva herramienta puede ser todo un desafío cuando empezamos, pero unas cuantas horas de práctica y un poco de paciencia nos llevarán por buen camino. Si ya están familiarizadas con el crochet, y se sienten cómodas y satisfechas con el resultado, ¡manténganse así! Si están aprendiendo, prueben todas las formas que puedan hasta que encuentren la que les resulte mejor.

Por lo general, sujetamos la aguja con la mano que usamos para escribir, pero no es una regla. No importa de qué modo sostengan el hilo o la aguja. Lo que siempre (¡pero siempre!) deben recordar es que no existe "la mejor manera" y, definitivamente, no hay "una manera correcta".

Como un lápiz
Tomen la aguja como si fuera un lápiz, sujetándola por la parte plana del medio (la empuñadura) entre la punta del pulgar y el índice. El mango se apoyará sobre la mano, entre la base del pulgar y el índice.

Como un cuchillo
Tomen la aguja de la misma manera que tomarían un cuchillo, sujetándola entre el pulgar, el dedo índice y el medio, apoyando el mango sobre la palma de la mano.

Sujetar el hilado
La mano libre la usamos para controlar el hilo y sostener el tejido. Existen un sinfín de maneras de sujetar el hilado, y cada uno tiene su predilecta. Solo recuerden que deben mantener la tensión firme y constante durante todo el proyecto.

Aunque no lo parezca, aprender a controlar el hilo y sostener el tejido es el quid de la cuestión. Dense el tiempo necesario para practicar hasta que lo sientan cómodo y natural, sin esfuerzo. Además, como es la mano que más trabaja y se tensiona, es importante mantenerla en forma. Intenten hacer ejercicios de calentamiento antes y después de tejer. Y aunque suene casi imposible, no tejan muchas horas seguidas sin descansar.

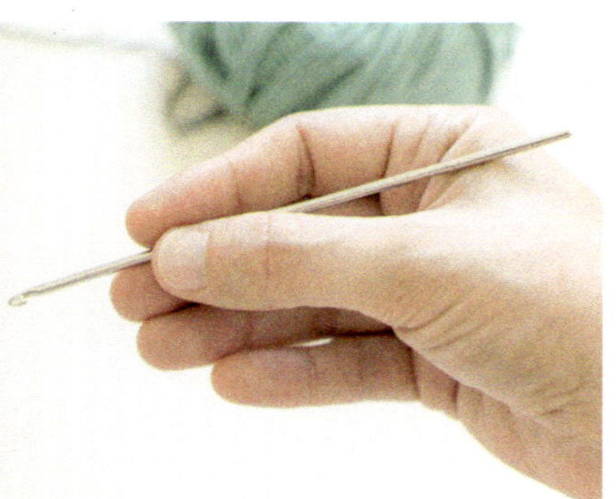
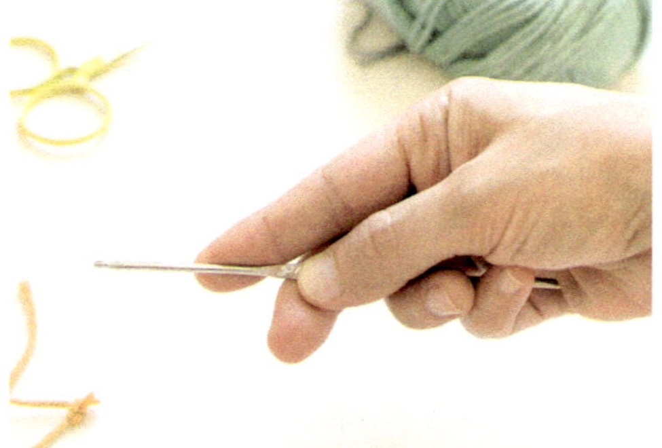
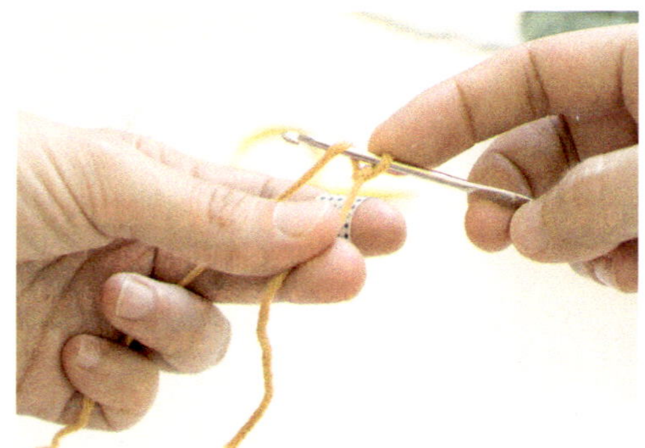

LOS PUNTOS

Solo hay determinados puntos básicos, y aunque las combinaciones y variaciones son prácticamente infinitas, solo necesitan conocer algunos para tejer los muñecos de este libro. Intentaré explicarles los puntos y las técnicas que he aprendido a lo largo de estos años y que uso todos los días. Recuerden que siempre pueden (y deberían) adaptar las técnicas a sus necesidades y posibilidades.

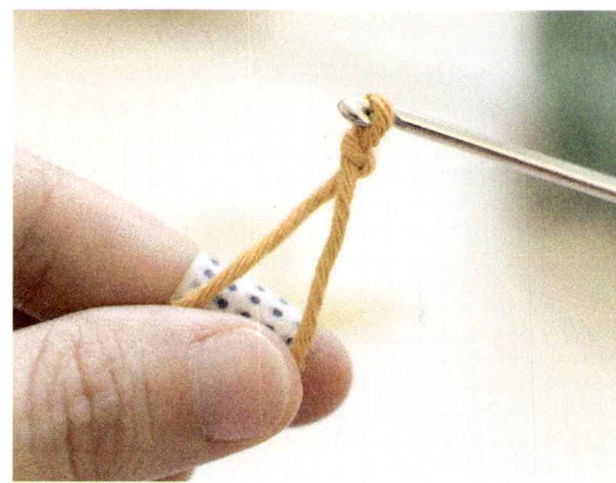

NUDO CORREDIZO

Es la primera lazada que necesitan hacer en la aguja para comenzar a tejer.

1. Hagan una lazada con el extremo del hilo. Inserten la aguja en la lazada y saquen otra a través de esta.
2. Tiren del extremo del hilo para ajustar la lazada a la aguja.

El nudo corredizo no cuenta como un punto.

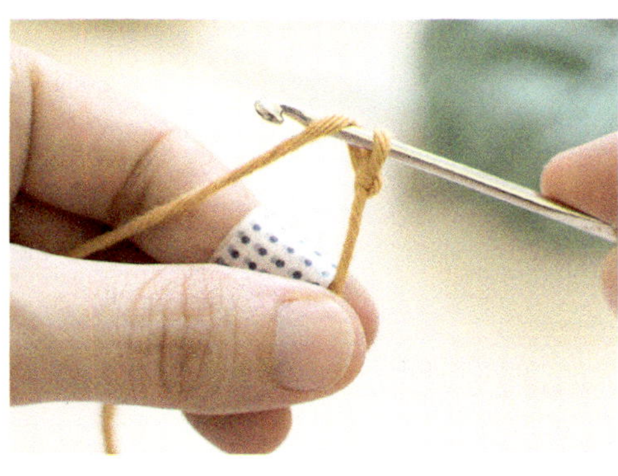

PUNTO CADENA/CADENETA
Abreviatura: p cad

Este punto es la base del crochet: si van a trabajar un tejido plano, la primera hilera (casi) siempre será de puntos cadena, conocida como *cadena base*. También se usa para unir puntos y como punto de vuelta (cadenas de altura).

1. Sujetando el nudo corredizo, pasen el hilo de atrás hacia adelante por encima de la aguja. Este movimiento se denomina *lazar*. Se puede envolver la aguja con el hilo o girar la aguja alrededor del hilo.
2. Con ayuda del gancho de la aguja, tiren del hilo para pasarlo a través de la lazada que tienen en la aguja (el nudo corredizo).
3. Así obtendrán una nueva lazada, el primer punto cadena.

Repitan los pasos anteriores para tejer cuantos puntos cadena sean necesarios.

Nota: *Es crucial sostener firmemente el extremo del hilo o la cadena que ya han tejido para evitar que esta gire alrededor de la aguja cada vez que intentamos lazar.*

Cadena base
Es la línea de puntos cadena que tienen que tejer para iniciar un tejido plano en hileras. Es el equivalente a montar los puntos cuando se comienza un tejido en dos agujas.

Nota: *Para tejer una cadena base pareja y mantener una tensión constante, hay que ir cambiando el agarre en el tejido, de manera que nuestra mano siempre sujete el trabajo cerca de la aguja de crochet.*

Cadena de vuelta

Cuando se teje en hileras —tejido plano, ida y vuelta—, las cadenas de vuelta son las que se tejen para alcanzar la altura de los puntos de la siguiente hilera.

A cada punto le corresponde una cantidad determinada de cadenas de vuelta:

- una hilera de medio punto: 1 punto cadena de vuelta
- una hilera de punto media vareta: 2 puntos cadena de vuelta
- una hilera de punto vareta: 3 puntos cadena de vuelta

__Nota:__ Al contar puntos, no cuenten el nudo corredizo ni la lazada en la aguja (es la lazada con la que están trabajando). La manera más fácil de hacerlo es observando las "trenzas", la V que se ve en la parte superior de cada punto. Recuerden ir contando los puntos para asegurarse de que tienen el número de puntos que requiere el patrón.

Lazada o hebra del reverso de la cadena

Cada punto cadena está formado por tres lazadas o hebras. En el frente podrán ver las dos hebras que ya conocen, la lazada superior (hebra trasera) y la inferior (hebra delantera) que forman la característica V de la cadena. Ahora bien, si la giran, podrán ver una tercera lazada o hebra oculta. Esta es la hebra o lazada del reverso, en inglés *back bump*, bulto de la espalda, el culito de la cadena.

Para trabajar en esta hebra del reverso, giren un poco la cadena base de modo que puedan pasar la aguja por esa lazada de la parte de atrás. Al principio puede hacerse un tanto incomodo (es más fácil si el punto está más flojo), pero insertar la aguja en este lugar de la cadena genera un borde bonito y con una buena terminación.

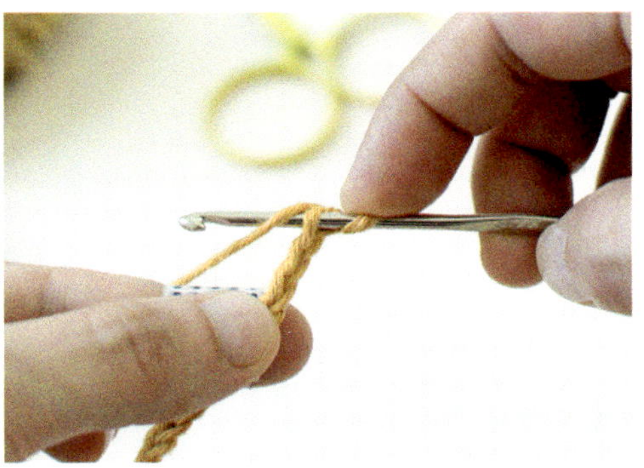 

PUNTO ENANO/RASO/DESLIZADO *Abreviatura: p enano*

Este punto no tiene altura, y pocas veces se utiliza para generar tejidos extensos. Es el que usamos casi siempre para unir vueltas y piezas, para movernos de un lado al otro del tejido y para reforzar o hacer terminaciones. También se utiliza para hacer detalles en los muñecos, como los pelos, dedos, etc.

—Inserten la aguja por debajo de ambas hebras en el siguiente punto (en cadena base, inserten la aguja en el segundo punto desde la aguja).
— Hagan una lazada y sáquenla a través de ambos lazos al mismo tiempo (por el punto y la lazada en la aguja). De esta forma completarán el primer punto enano.

Nota: *Cuando trabajen puntos enano en la última vuelta o hilera para hacer una terminación o embellecer una pieza, tejan los puntos un tanto más sueltos para no fruncir el tejido.*

Unir un anillo de puntos cadena con un punto enano (cadena base para tejido tubular)
— Inserten la aguja en el primer punto cadena. Asegúrense de que la cadena no esté torcida.
— Lacen y saquen la hebra a través de ambas lazadas en la aguja a la vez.

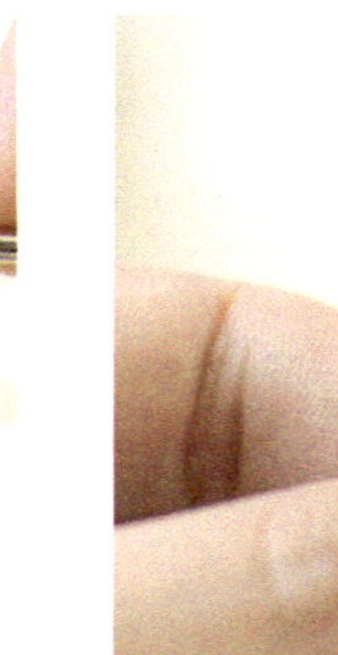

MEDIO PUNTO/PUNTO BAJO *Abreviatura: mp*

Es el punto estrella para tejer muñecos porque es el único que resulta en una trama cerrada que no solo mantiene muy bien la forma, sino que evita que pueda verse el vellón (siempre y cuando no lo rellenemos demasiado y se teja con la aguja adecuada).

En hileras (tejido plano, ida y vuelta)
Comiencen desde una cadena base.

1 Inserten la aguja de crochet en el segundo punto desde la aguja. Lacen.
2 Saquen la hebra solo a través del punto cadena. Quedan dos lazos en la aguja. Lacen de nuevo.
3 Saquen la hebra a través de las dos lazadas en la aguja. Queda una sola lazada en la aguja. Han completado el primer medio punto.
4 Inserten la aguja en el siguiente punto. Continúen tejiendo de la misma manera en cada punto cadena.
5 Al final de la hilera, hagan un punto cadena de vuelta y giren el tejido. Comiencen la siguiente hilera. Tejan un medio punto en el siguiente punto (no cuenten la cadena de vuelta) insertando la aguja por debajo de las dos hebras del punto de la hilera anterior. Continúen tejiendo así hasta el final de la hilera y repitan.

Nota: *Al tejer en hileras, da igual si hacen la cadena de vuelta y giran el tejido o si prefieren girar el tejido y luego hacer la cadena de vuelta. Lo importante es que sean constantes durante todo el trabajo.*

En espiral (tejido tubular, en vueltas)
Comiencen desde una cadena base. Asegúrense de que la cadena no esté torcida e inserten la aguja
en el primer punto cadena. Cierren formando un anillo y hagan un punto enano en el primer punto
cadena.

1. Continúen tejiendo un medio punto en cada punto cadena hasta llegar al inicio de la vuelta. Tejan
   un medio punto en el primer medio punto que hicieron (no cierren la vuelta con un punto enano).
   Aquí es muy útil el marcador de puntos: colóquenlo en el medio punto que acaban de hacer.
2. Continúen tejiendo hasta llegar, de nuevo, al marcador de puntos. Retiren el marcador y tejan un
   medio punto ahí. Vuelvan a colocar el marcador en el medio punto que acaban de tejer y repitan.

INSERTAR LA AGUJA (UBICACIÓN DE LOS PUNTOS)

Con excepción del punto cadena, para tejer cualquier otro punto siempre hay que insertar la aguja en un punto
o espacio existente. El gancho de la aguja siempre debe pasar mirando hacia abajo o de perfil para que no se
enganche con el tejido. Cuando inserten la aguja, pueden hacerlo en tres lugares distintos:

- **Ambas hebras** (*both loops*): Inserten la aguja por debajo de las dos hebras que forman la cadena, las que se ven
  en la parte superior del punto. Es la forma habitual y recomendada cuando no se indica otra.
- **Solo por la hebra delantera** (*front loop*): Pasen la aguja solo por la hebra más cercana a ustedes, la de adelante.
- **Solo por la hebra trasera** (*back loop*): Inserten la aguja solo por la hebra de detrás, las más alejada. Esta forma deja
  una serie de líneas horizontales formadas por las hebras delanteras de cada punto. Se suele usar con fines estéticos
  o para facilitar el trabajo al retomar el tejido.

Diferencia entre el medio punto V y el medio punto X

Es posible que hayan notado que mi medio punto se ve un tanto diferente al tradicional. Esto sucede porque, en lugar de pasar el hilo por encima de la aguja al hacer la primera lazada (al insertar la aguja), tomo el hilo enganchándolo por debajo de la aguja, esto es, lazo por debajo. De esta manera se obtiene un medio punto que se asemeja a una X, más cuadrada, en vez del clásico medio punto en forma de V.

Además de su aspecto, posee otras diferencias interesantes que hay que tener en cuenta:

—**Tamaño**: El medio punto X es más apretado, por lo cual el tejido o muñeco será considerablemente menor. Y viceversa, el tejido hecho con medio punto V será más fluido/elástico, resultando en un muñeco un poco mayor y más blandito. Por ejemplo, en mi caso, si tejo un círculo de 60 puntos usando medio punto X, tendrá unos 8,5 cm de diámetro. Si lo hago usando el medio punto V, su diámetro será de unos 10 cm.
—**Cómo los puntos tienden a girar hacia un lado**: Cuando tejemos en espiral, el medio punto V se va moviendo un poco más en cada vuelta, por lo que el tejido se ve como girando hacia un lado. Al usar el medio punto X, esta característica del tejido en espiral se verá menos acentuada, por lo que dará mejores resultados a la hora de tejer Jacquard.
—**Cómo se ven los patrones a rayas**: El medio punto X se ve casi como un punto media vareta cuando se forman líneas de diferentes colores.

Nota: Tejí el Humboldt Pingüino de la izquierda usando el medio punto V y al Humboldt de la derecha haciendo el medio punto X.

Pasa el hilo por encima de la aguja

Pasa el hilo por debajo de la aguja

PUNTO MEDIA VARETA/PUNTO MEDIO ALTO
Abreviatura: pmv

Como su nombre indica, está a medio camino entre el medio punto y el punto vareta en altura. Al ser un poco más suelto, el tejido hecho con este punto tiene mayor fluidez y es excelente para tejer las prendas de los muñecos.

En hileras (tejido plano, ida y vuelta)
Comiencen desde una cadena base. Los primeros dos puntos de la cadena base son los puntos cadena de vuelta para la primera hilera.

1   Lacen la aguja de atrás hacia delante. Inserten la aguja en el tercer punto cadena desde la aguja y lacen de nuevo.
2   Saquen la hebra a través del punto cadena. Quedan tres lazadas en la aguja.
3   Lacen de nuevo y saquen por las tres lazadas de la aguja a la vez.

4   Han completado el primer punto media vareta.
5   Continúen tejiendo de la misma forma hasta el final de la cadena.
6   Al final de la hilera, hagan 2 p cad de vuelta y giren el tejido para comenzar la siguiente hilera. Tejan 1 pmv en el tercer punto cadena desde la aguja, insertando la aguja por debajo de ambas hebras del punto de la hilera anterior.

***Nota:** A veces, cuando trabajo con puntos media vareta o puntos vareta en espiral, tejo insertando la aguja entre los puntos. Así se obtiene un tejido más abierto, fluido y elástico. Para ello, inserten la aguja entre los pilares de los puntos en vez de hacerlo por debajo de ambas hebras, como lo harían usualmente. Asegúrense de contar los puntos al final de cada vuelta.*

PUNTO MEDIA VARETA DESLIZADA/PUNTO MEDIO ALTO DESLIZADO *Abreviatura: pmvd*

Este es un punto bastante sencillo para crear un tejido denso y elástico, perfecto para generar piezas con un aspecto similar al punto inglés o elástico tejido al tricot. Como sugiere el nombre, es la mezcla de un punto enano o deslizado y el punto medio vareta (punto medio alto). Se teje en hileras, en ida y vuelta.

En hileras (tejido plano, ida y vuelta)

Comiencen desde una cadena base. Tengan en cuenta que la cadena de vuelta no cuenta como un punto.

1   Lacen la aguja de atrás hacia adelante. Inserten la aguja en el segundo punto cadena desde la aguja.
2   Vuelvan a lazar y saquen la hebra a través del punto cadena. Ahora tienen tres lazadas en la aguja.
3   Saquen la primera lazada a través de la segunda y tercera lazada de la aguja. Han completado el primer punto media vareta deslizada. Continúen tejiendo en cada punto cadena hasta el final de la cadena base. Al final de la hilera, hagan 1 p cad de vuelta y giren el tejido horizontalmente para comenzar la siguiente hilera.

A partir de esta, trabajarán **tejiendo solamente la hebra trasera** para crear la textura semejante al punto inglés o elástico tejido con dos agujas.

Segunda hilera

4   Lacen la aguja. Inserten la aguja en la hebra trasera del primer punto. Vuelvan a lazar y saquen la lazada a través del punto y la segunda y tercera lazada en la aguja. Continúen tejiendo de esta forma en cada punto cadena hasta el final de la hilera. Al llegar, hagan 1 p cad de vuelta y giren el tejido horizontalmente para comenzar la siguiente hilera.

Repitan la segunda hilera hasta alcanzar el largo deseado.

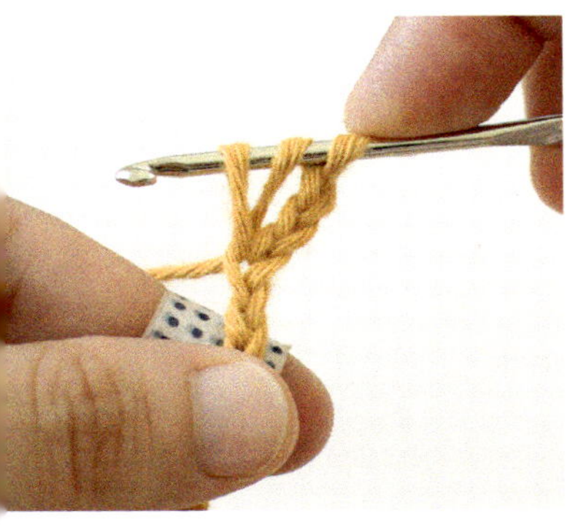  

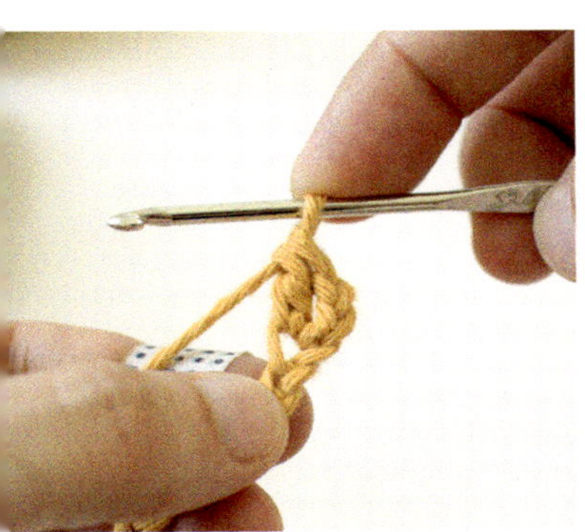  

PUNTO VARETA/PUNTO ALTO *Abreviatura: pv*

Quizá este sea el punto más conocido y utilizado para tejer prendas y mantas. Sin embargo, para tejer muñecos lo usaremos esporádicamente.

En hileras (tejido plano, ida y vuelta)

Comiencen desde una cadena base. Los primeros tres puntos de la cadena son los de vuelta para la primera hilera. Estos tres puntos cadena de vuelta suelen contar como el primer punto vareta de la hilera.

1 Lacen la aguja de atrás hacia delante. Inserten la aguja en el cuarto punto cadena desde la aguja y lacen de nuevo. Saquen la hebra a través del punto cadena. Quedan tres lazadas en la aguja.

2 Lacen de nuevo y saquen la hebra solo por las dos primeras lazadas en la aguja.

3 Quedan dos lazadas en la aguja de crochet. Lacen una última vez y saquen por las dos últimas lazadas.

4 Han completado el primer punto vareta.

5 Lacen de nuevo y continúen tejiendo de la misma manera en cada punto cadena. Al final de la hilera, hagan 3 p cad de vuelta y giren el tejido para comenzar la siguiente hilera.

6 Tejan un punto vareta en el cuarto punto desde la aguja, insertando la aguja por debajo de ambas hebras del punto de la hilera anterior. Repitan hasta llegar al final de la hilera.

PUNTO MOTA/PUNTO PIÑA *Abreviatura: p mota*

Un punto mota es un racimo de puntos vareta que se trabajan en un solo punto base y se cierran juntos. El número de puntos puede variar, pero usualmente se hace con tres o cinco puntos vareta.

1. Lacen e inserten la aguja en el punto base.
2. Lacen de nuevo y saquen la hebra a través del punto. Quedan tres lazadas en la aguja.
3. Lacen otra vez y saquen la hebra a través de las dos primeras lazadas en la aguja. Tienen ahora 1 pv a medio cerrar y dos lazadas en la aguja.
4. En el mismo punto base, repitan los pasos anteriores cuatro veces más. Al finalizar, tendrán 5 pv a medio cerrar.
5. Lacen por última vez y saquen por las seis lazadas en la aguja a la vez (son 5 pv a medio cerrar más la lazada del punto anterior). Han completado así el primer punto mota.

PUNTO MIMBRE/RATÁN/*BASKET SPIKE STITCH*

Este punto fantasía se llama así por su semejanza a la trama de una cesta o canasto de ratán. Solo lo he tejido en vueltas porque no se ve tan parejo al tejerse en hileras, pero están más que invitados a probarlo. Se trabaja alternado un medio punto espiga con un medio punto tejido tomando solo la hebra trasera. Para este punto utilizo el medio punto V para obtener dos líneas verticales rectas.

Medio punto espiga (abreviatura: p espiga)

Inserten la aguja en el siguiente punto, pero en la vuelta anterior (en el mismo lugar donde habían trabajado ese punto). Lacen y saquen una hebra llevándola hasta la altura del punto de la vuelta que están tejiendo. Lacen de nuevo y saquen el hilo a través de ambas lazadas a la vez.

En espiral (tejido tubular)

Comiencen desde una cadena base. Asegúrense de que no esté torcida e inserten la aguja en el primer punto cadena. Cierren formando un círculo haciendo un punto enano en el primer punto cadena. Continúen tejiendo un medio punto en cada punto cadena hasta llegar al principio de la vuelta.

1-2 (1 mp tomando solo la hebra trasera, 1 p espiga en el siguiente punto de la vuelta anterior) repitan hasta el final de la vuelta.

3-4 (1 p espiga en el siguiente punto de la vuelta anterior, 1 mp tomando solo la hebra trasera) repitan hasta el final de la vuelta.

Repitan las dos vueltas hasta obtener el número de vueltas que necesiten.

1. Hagan 1 p cad si van a tejer con el mismo hilado que estaban usando en el proyecto, o unan el hilado y hagan 1 p cad si van a utilizar un color diferente.
2. Inserten la aguja en el punto a la derecha del punto cadena. Lacen y saquen una hebra igual que lo harían con un medio punto, excepto que, como podrán notar, la lazada estará retorcida. Quedan dos lazadas en la aguja.
3. Lacen de nuevo y saquen la hebra a través de las dos lazadas en la aguja. Habrán completado su primer punto cangrejo.
4. Inserten la aguja en el siguiente punto a la derecha, lacen y saquen una hebra. Lacen de nuevo y saquen la hebra por ambas lazadas en la aguja.
5. Continúen tejiendo así hasta el final. Si están trabajando en una pieza circular donde el borde comienza y termina en el mismo lugar, al llegar al final tejan un punto enano o deslizado en el primer punto cangrejo que tejieron.

PUNTO CANGREJO *Abreviatura: p cangrejo*

El punto cangrejo parece un cordón retorcido. Crea un borde redondeado muy agradable para el acabado de prendas.

El punto cangrejo se trabaja igual que un medio punto, pero en dirección opuesta (camina como un cangrejo). Si son diestros, va de izquierda a derecha. Si son zurdos, de derecha a izquierda. Al principio puede parecer un poco incómodo, pero nada que no se pueda lograr con un poco de práctica y paciencia.

Este punto se trabaja en piezas terminadas. Asegúrense de que el lado derecho mire hacia ustedes.

 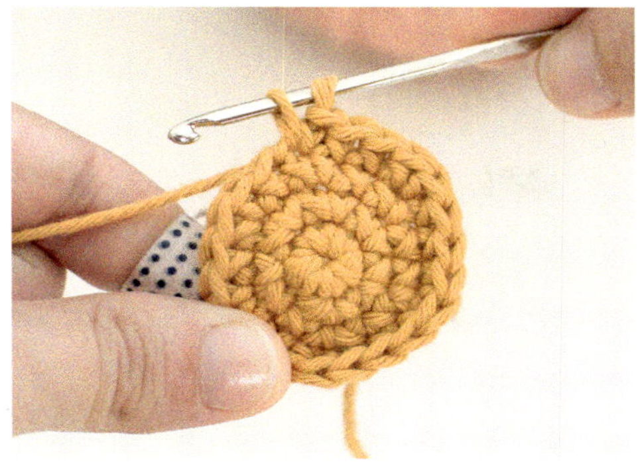

AUMENTOS Y DISMINUCIONES

Los aumentos y las disminuciones
se usan para moldear prendas
y cualquier otra cosa, como los
muñecos.

Aumento. *Abreviatura: aum*

Para hacer un aumento de cualquier tipo de punto, hay que realizar
dos o más puntos en el mismo punto base donde harían solo uno.

1 Tejan un punto en el siguiente punto de la última vuelta o hilera.
2 Inserten la aguja en el mismo punto.
3 Tejan un segundo punto.

Disminución. *Abreviatura: dism*

La disminución se logra tejiendo dos o más puntos juntos. Existen varias formas de
hacerlo, pero cuando tejo muñecos siempre uso la disminución tradicional, ya que
es la que aprendí primero y me sale de natural. Hoy este tipo de disminución no es
la más popular porque, si no se ajusta bien, puede dejar un agujerito.

*Nota: El truco para evitarlo es dar más tensión a cada punto que se vaya a
disminuir y ajustar muy bien el punto siguiente a la disminución.*

1-2 Tejan 2 mp incompletos en dos puntos adyacentes en la hilera o vuelta previa.
3 Lacen de nuevo.
4 Saquen la hebra por las 3 lazadas en la aguja de crochet.

Tejer en espiral

Realizar aumentos espaciados de manera uniforme desde el centro hacia fuera es la técnica utilizada para tejer piezas redondas, como sombreros y alfombras. Cuando tejemos en redondo, tradicionalmente cerramos cada vuelta con un punto enano. Esta técnica, a pesar de generar círculos perfectos, deja una marca continua a lo largo del trabajo como resultado de unir las vueltas, algo así como una cicatriz, y no se ve bonita en un muñeco.

Para evitar esta marca, elegimos tejer en espiral, es decir, sin cerrar o unir las vueltas. Esta es la razón por la que se recomienda usar un marcador de puntos: les señalará dónde comienza una nueva vuelta y dónde termina la anterior. Pueden colocarlo al final o al comienzo de cada vuelta, pero sean consistentes con el lugar que eligen. Al finalizar cada vuelta, terminarán justo por encima del marcador de puntos. En ese momento deben sacar el marcador, tejer el punto indicado por el patrón y volver a colocarlo en ese mismo lugar.

Anillo mágico (círculo ajustable/anilla)

Esta es, sin lugar a duda, la mejor manera de comenzar un tejido en espiral. Se empieza tejiendo el número indicado de puntos en un lazo ajustable que luego tiramos hasta que los puntos se cierran en un anillo.

Existen varias técnicas para comenzar el anillo, y al principio todas pueden generar un poco de ansiedad. Practiquen y vuelvan a practicar. No se preocupen si en los primeros intentos parece imposible. Les puedo asegurar que, una vez terminado el primer muñeco, habrán dominado la técnica. Y la van a adorar.

1   Comiencen cruzando la hebra para formar un círculo, como si fuesen a realizar un nudo corredizo (o cualquier otro nudo).

2-3   Sosteniendo la lazada con firmeza entre el dedo gordo y el índice, inserten la aguja en el centro del círculo y saquen una lazada.

4   Sin dejar de sujetar con firmeza el círculo (¡es crucial!), lacen de nuevo la aguja de crochet. Saquen la hebra a través de la primera lazada en la aguja para hacer 1 p cad. Este punto cadena asegura el anillo.

5-6   Inserten de nuevo la aguja en el centro del círculo, cuidando de que también pase por debajo de la cola del hilo (se ven dos hilos entrelazados). Lacen y saquen una hebra.

7   Lacen otra vez. Saquen la hebra por las dos lazadas en la aguja. Tendrán así el primer medio punto en el anillo.

8   Hagan tantos puntos como indique el patrón. Al finalizar, sujeten la cola de la hebra (el lado cortito) y tiren hasta ajustar el anillo. Tiren con fuerza, sin miedo.

9   Una vez ajustado, pueden optar por cerrarlo con un punto enano, pero no es necesario. Es en la única situación en la que cierro la vuelta, y es por maña.

TEJER EN AMBOS LADOS DE LA CADENA BASE

Esta técnica se utiliza para realizar una pieza en forma ovalada: alfombras, bolsos y, en el caso de los muñecos, para tejer hocicos, orejas y el cuerpo de algunos personajes.

1   Tejan una cadena base con el número indicado de puntos. Inserten la aguja en el segundo punto cadena desde la aguja y tejan 1 mp (a veces, el patrón puede requerir un aumento en el primer punto). Continúen tejiendo sobre cada punto de la cadena base, como indique el patrón.

2   El último punto cadena es, usualmente, un aumento para girar el tejido y continuar trabajando al otro lado de la cadena base.

3-4   Den vuelta al tejido para seguir tejiendo en la parte inferior de los puntos de la cadena base. Pueden notar que, en este lado, solo tendrán disponible un lazo del punto cadena.

5   Continúen tejiendo sobre el lazo de cada punto cadena. El último medio punto que tejan quedará justo al lado del primero. Según el patrón, también podría ser un aumento.

6   A partir de aquí pueden continuar tejiendo en espiral.

CAMBIO DE COLOR Y UNIÓN DE HEBRAS

Usen esta técnica cuando quieran cambiar de color o para unir otra hebra de hilado porque se quedaron sin la que estaban usando.

1. Trabajen con la hebra del color (o hilado) previo hasta tener dos lazadas del último punto en la aguja (primera parte del medio punto).
2. Usen el nuevo color (o hilado) para completar el punto, sacando la nueva hebra por las dos lazadas en la aguja.

Continúen trabajando con el nuevo color (o hilado) como antes. Intenten no cortar la hebra del color previo si van a volver a usarlo. Yo ato ambas hebras para asegurarme de que el punto no se afloje.

Nota: *Es importante tener en cuenta que el punto de cambio de color quedará del color anterior, así que, si están haciendo vueltas de diferentes colores, no se olviden de hacer el cambio en el último punto de la vuelta anterior.*

JACQUARD Y *TAPESTRY*

Estas dos curiosas palabras provienen de otros mundos textiles, el tejido de punto y el tapiz, pero el crochet se las arregló para adaptar estas dos técnicas de cambio de color a su propio lenguaje. Se usan para generar tramas, patrones y dibujos tejiendo con dos o más colores a la vez. Es como dibujar intercalando hilos de colores mientras tejemos y, por lo general, se trabaja siguiendo un diagrama que nos indica cuándo hacer los cambios de color.

La diferencia entre el Jacquard y el *tapestry* es cómo se llevan las hebras de diferente color durante el tejido.

Cuando trabajamos usando la técnica de **Jacquard**, dejamos la hebra que no usamos detrás del tejido (o hacia dentro). Cuando es hora de volver a usarla, la recogemos y la llevamos por la parte posterior (interior) del trabajo hasta el siguiente cambio de color.

Cuando el patrón indica hacer un cambio de color es muy importante recordar que siempre debe comenzar un punto antes. Tejan la cantidad de puntos indicados en el patrón. Teniendo en cuenta que el cambio de color siempre empieza un punto antes, tomen la hebra de color que van a usar y llévenla por detrás (o dentro) del tejido hasta el lugar donde se hará el cambio. Las hebras de color que queden por dentro, entre cambio y cambio de color, deben estar bien sueltas para no fruncir el tejido.

Nota: Cuando trabajo Jacquard con cambios de color muy extensos o distanciados, prefiero cortar las hebras internas y atarlas entre sí. De hecho, es más que recomendable si el cambio de color es constante durante todo el muñeco, porque es más fácil de rellenar y no corremos el riesgo de deformarlo. Si no desean cortar las hebras, pueden usar la técnica de ir recogiendo la hebra suelta cada par de puntos.

Cuando trabajamos usando **tapestry**, se lleva o carga la hebra sobre el tejido (arriba del punto) mientras se sigue trabajando con el otro color. Esto significa que cada vez que hacemos un punto envolvemos la o las hebras de otros colores que no estamos usando.

Esta pequeña gran diferencia cambiará significativamente la apariencia de nuestro tejido, en especial en el reverso: como resultado, obtendremos un tejido que se asemeja a un tapiz (¡de ahí el nombre!) y posee la gran ventaja de que no hay hilos sueltos en ningún lado. Es ideal para tejer prendas o accesorios en los que queremos que el tejido se vea bien de ambos lados.

Sin embargo, para mí tiene una pequeña desventaja: salvo que se lleven los hilos durante todo el trabajo, el lugar del tejido donde realicen esta técnica quedará más grueso que el resto y los colores escondidos se verán a través de los puntos (y más si hay mucho contraste entre ellos).

Nota: *Si desean obtener líneas verticales rectas utilizando esta técnica con medio punto, es recomendable tejer tomando solo la hebra delantera o trasera (vean las muestras en la página 35).*

FINALIZAR EL TRABAJO

Cortar la hebra

Cuando terminen de tejer y no necesiten coser la pieza a ningún lado, corten la hebra dejando un excedente de unos 5 cm. Saquen toda la hebra a través de la última lazada en la aguja.

Si van a coser la pieza, corten la hebra dejando un excedente de al menos 20 cm, de manera que esa misma hebra se pueda utilizar para coser (el largo dependerá de la cantidad de puntos que tengan que coser). Saquen toda la hebra por la última lazada en la aguja de crochet.

Rematar

Rematar es esconder la hebra cortada al finalizar el tejido.

En un tejido plano

Enhebren el excedente de la hebra cortada en una aguja de tapicería y, con el revés hacia delante y la ayuda de la aguja, pasen con la hebra por varios puntos, de manera que el hilo quede envuelto en las lazadas traseras de los puntos. Corten el excedente.

En una pieza tejida con relleno

1-2 Terminen la última vuelta de disminuciones y corten la hebra dejando un tramo lo suficientemente largo como para dar algunas puntadas (unos 15 cm). Enhebren el hilo en una aguja de tapicería y, de atrás hacia delante, pasen por la hebra delantera de cada uno de los puntos restantes.

3 Tiren de la hebra para cerrar (fruncir) la abertura. Den una o dos puntadas para asegurarse de que el hilo no se escape. Corten el excedente y oculten la hebra dentro del muñeco con la aguja de crochet.

BORDAR

El bordado sigue siendo una materia pendiente para mí. Solo sé hacer (más o menos) una puntada que aprendí de niña para coser ropa a los muñecos: **punto atrás**. Tiene el aspecto de una bastilla por delante, una línea de puntadas simples.

1   Enhebren la aguja de tapicería. Inserten la aguja por detrás (dentro) del tejido y hagan una puntada recta del mismo largo que su medio punto. Si es posible, utilicen los agujeros existentes entre punto y punto para insertar y pasar la aguja de tapicería sin romper el punto.
2   Continúen tantas veces como sea necesario, saliendo con la aguja un espacio adelante (como saltándose un punto) y trayendo la aguja hacia atrás, al mismo lugar al final de la última puntada que realizaron.

UNIR PARTES (COSER)

Me encantaría decirles que he descubierto la forma en que las piezas se unan por arte de magia, pero, lamentablemente, ese momento todavía no ha llegado. Mientras seguimos esperando, lo mejor es que practiquemos un método simple y satisfactorio para llevar adelante esta tarea, a veces tan engorrosa. Si tienen dudas sobre dónde colocar las partes, pueden presentarlas con alfileres.

Siempre que puedan —o sea, siempre— usen la hebra excedente que dejaron al terminar la pieza para coser.

Unir piezas abiertas

Usen esta técnica para coser una pieza abierta (hocicos, cachetes, picos, etc.) a otra pieza abierta sin relleno, como una cabeza. Enhebren la aguja de tapicería con la hebra excedente y ubiquen la pieza. Si están cosiendo un hocico o un pico en la cabeza, les recomiendo ubicarlo del lado opuesto al marcador de puntos. De esta manera, todos los cambios de color estarán en la parte posterior del muñeco.

Hagan la primera puntada de fuera a dentro (o atrás) del tejido. Usando el punto atrás, cosan pasando por debajo de ambas hebras de cada punto de la vuelta final de la pieza que tienen que unir. Vayan de atrás hacia delante y de delante hacia atrás. Si la pieza tiene treinta puntos, deberán hacer, por lo menos, treinta puntadas. Antes de llegar al final, recuerden rellenar la pieza. Intento no rellenar las piezas hasta el final para evitar que el vellón se enrede en las puntadas.

Unir una pieza con un extremo abierto a una pieza cerrada

Esta es la técnica que utilizo para coser una pieza abierta (brazos, orejas y colas, con o sin relleno) a una pieza terminada sin cerrar el extremo abierto. Enhebren la aguja de tapicería con la hebra excedente de la pieza que van a coser. Ubiquen las piezas una encima de la otra e intenten, si es posible, alinear los puntos de cada parte. Inserten la aguja a través de una sola lazada de la pieza terminada (una pieza con relleno, por ejemplo, el cuerpo).

Pasen la aguja por debajo de ambas hebras del punto de la pieza abierta que están cosiendo (como un brazo). Cosan así alrededor de toda la pieza. Corten la hebra y rematen.

LEER UN PATRÓN

El crochet habla su propia lengua y, como todo lenguaje, tiene sus particularidades. La terminología del crochet no solo cambia según el idioma, sino que, en un mismo idioma, puede haber variantes locales, dialectos. La siguiente tabla es una brevísima guía de los puntos y símbolos más usados. En este libro usaré la terminología que se usa en América Latina, en concreto, en Argentina.

AMÉRICA LATINA	ESPAÑA	EE. UU.	REINO UNIDO	SÍMBOLO
punto (p/pt)	punto (p/pt)	*stitch* (st)	*stitch* (st)	
cadena (c/cad)	cadeneta (c/cad)	*chain* (ch)	*chain* (ch)	
punto enano/ corrido (pe/pc/pp)	punto raso/enano (pr/pe)	*slip stitch* (slst)	*single crochet* (sc) *slip stitch* (slst)	
medio punto (mp)	punto bajo (pb)	*single crochet* (sc)	*double crochet* (dc)	✕
media vareta (mv/pmv)	punto (alto) medio (pm)	*half double crochet* (hdc)	*half treble crochet* (htc)	
vareta (v/pv)	punto alto (pa)	*double crochet* (dc)	*treble crochet* (tr)	
punto mota / piña	punto piña	*bobble stitch*	*bobble stitch*	
aumento (aum)	aumento (aum)	*increase* (inc)	*increase* (inc)	
disminución (dism)	disminución (dism)	*decrease* (dec)	*decrease* (dec)	
hilera (h)/carrera vuelta/ ronda (r)	hilera (h)/carrera vuelta/ ronda (r)	*row/round* (rnd)	*row/round* (rnd)	
anillo	anillo	*ring*	*ring*	

PARÉNTESIS Y CORCHETES

En este libro uso los paréntesis para indicar las instrucciones que deben repetirse a lo largo de una vuelta o hilera una determinada cantidad de veces. El número entre corchetes al final de cada línea muestra el número total de puntos que deberían tener al final de la hilera.

Por ejemplo:
3v: (1 mp, 1 aum) repetir 6 veces [18].
3v indica la vuelta en la que nos encontramos, en este caso, la tercera. Las instrucciones dentro del paréntesis son los puntos (y aumentos o disminuciones) que deben repetir seis veces a lo largo de la vuelta. [18] es el número total de puntos que deberían tener al finalizar la vuelta.

Cuando las instrucciones se repiten a lo largo de varias vueltas o hileras, leerán "10v-20v", lo que indica que se deben seguir las mismas instrucciones desde la vuelta, o hilera, 10 a la 20 (incluida).

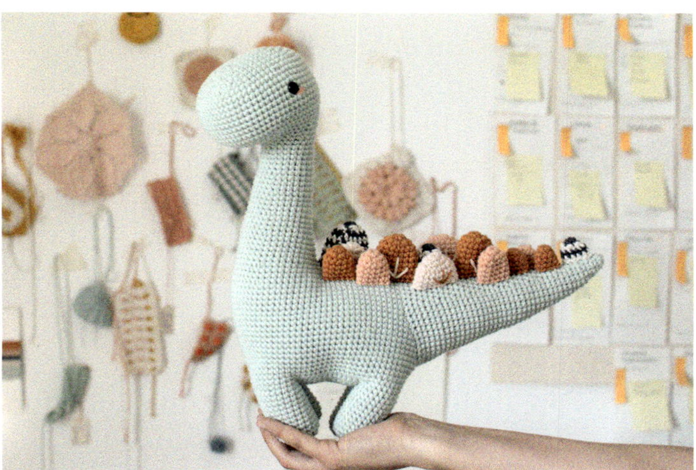

Lucas Zorro

Cuando Lucas era un zorrito, en lugar de salir a jugar a las escondidas con sus amigos, se quedaba en casa devorando todo libro de misterio y de detectives que encontrara en su camino. Con el tiempo, se dio cuenta de que amaba todo tipo de publicaciones, sin importar el tema, si tenía imágenes o no. Cada vez que Lucas tenía un nuevo título en sus manos, lo estudiaba con todo lujo de detalle: sentía la textura del papel, el aroma de la tinta… Si tenía alguna ilustración, grabado o algo fuera de lo común, daba saltitos de alegría por toda la casa. En cuanto fue lo suficientemente mayor, comenzó a trabajar en una pequeña imprenta, rodeado de tintas y mil variedades de papel. Ahora vive imaginando páginas, libros y la manera de hacer que todas esas historias que tanto ama se sientan aún más espectaculares. De hecho, Lucas es espectacular en todo lo que hace, excepto haciendo globos con el chicle. Dice que es culpa de su gran hocico.

NIVEL: *

Tamaño:
34 cm (orejas incluidas)

Materiales:
– Hilo de algodón mediano (worsted: 100 g/170 m) en:
　·rojo
　·crudo
　·azul
　·blanco
　·negro
　·rosa pastel
 – Aguja de crochet de 2,75 mm (C-2)
– Ojos plásticos de seguridad (10 mm)
– Vellón siliconado
– Aguja de tapicería

Conocimientos necesarios:
anillo mágico (página 32), cambiar de color al inicio de la vuelta (página 35), bordar (página 38), unir partes (página 39), dividir el cuerpo en dos partes (en el patrón).

Nota: *La cabeza y el cuerpo están tejidos en una sola pieza.*

CACHETES

(2 con rosa pastel)
1v: Tejan un anillo de 8 mp [8]. Corten dejando una hebra larga para coser.

HOCICO

(comiencen con negro)
1v: Tejan un anillo de 6 mp [6].
2v: 1 aum en cada uno de los 6 mp [12].
3v-6v: 1 mp en cada uno de los 12 mp [12]. Cambien a crudo.
7v: (1 mp, 1 aum) repitan 6 veces [18].
8v-10v: 1 mp en cada uno de los 18 mp [18].
Cambien a rojo.
11v: 8 mp, 2 aum, 8 mp [20].
12v: 1 mp en cada uno de los 20 mp [20]. Corten dejando una hebra larga para coser. Con negro, borden la boca.

CABEZA Y CUERPO

(comiencen con rojo)
1v: Tejan un anillo de 6 mp [6].
2v: 1 aum en cada uno de los 6 mp [12].
3v: (1 mp, 1 aum) repitan 6 veces [18].
4v: (1 mp, 1 aum) repitan 9 veces [27].
5v: (2 mp, 1 aum) repitan 9 veces [36].
6v: (3 mp, 1 aum) repitan 9 veces [45].
7v: (4 mp, 1 aum) repitan 9 veces [54].
8v: (8 mp, 1 aum) repitan 6 veces [60].
9v-21v: 1 mp en cada uno de los 60 mp [60].
22v: (3 mp, 1 dism) repitan 12 veces [48].
23v: (2 mp, 1 dism) repitan 12 veces [36]. Cosan el hocico entre las vueltas 14 y 20, del lado opuesto del inicio de vueltas. Rellenen el hocico antes de terminar de coser. Coloquen los ojos de seguridad entre las vueltas 16 y 17, a 3 mp del hocico. Cosan los cachetes bajo los ojos.
24v: (4 mp, 1 dism) repitan 6 veces [30].
25v: (1 mp, 1 dism) repitan 10 veces [20].
26v: 1 mp en cada uno de los 20 mp [20]. Rellenen la cabeza. Continúen con un patrón a rayas, alternando 1 vuelta en color blanco con 1 en azul.
27v: (1 mp, 1 aum) repitan 10 veces [30].

28v-31v: 1 mp en cada uno de los 30 mp [30].
32v: (4 mp, 1 aum) repitan 6 veces [36].
33v-37v: 1 mp en cada uno de los 36 mp [36].
38v: (8 mp, 1 aum) repitan 4 veces [40].
39v: 1 mp en cada uno de los 40 mp [40].
Cambien a rojo.
40v: Tejan tomando solo la hebra trasera, 1 mp en cada uno de los 40 mp [40].
41v-48v: 1 mp en cada uno de los 40 mp [40].
No corten la hebra.

PATAS

Dividan el tejido marcando 4 p para el espacio central delantero entre las patas, 4 p para el espacio trasero y 16 p para cada extremidad (acá es muy útil el marcador de puntos). Si las patas no quedaran bien alineadas con la cabeza, tejan o destejan algunos medios puntos hasta llegar a la posición deseada. Unan con 1 mp el último punto para la pata en la parte trasera con el primer punto en la parte delantera (contará como el primer medio punto de la primera vuelta). Así, los puntos para la primera pata estarán unidos para seguir tejiendo en vueltas. Continúen tejiendo:
49v-70v: 1 mp en cada uno de los 16 mp [16].
Rellenen firmemente el torso y la primera pata.
71v: (2 mp, 1 dism) repitan 4 veces [12].
72v: 6 dism [6].
Corten dejando una hebra larga para cerrar los últimos 6 p. Con la aguja de tapicería, pasen por el centro de cada punto y ajusten hasta cerrar el agujero. Rematen.

SEGUNDA PATA
Con rojo, retomen en el quinto punto sin tejer de la espalda en la vuelta 48, dejando una hebra de inicio larga para cerrar la entrepierna. Desde este punto, comiencen a tejer la segunda pata.
49v: 1 mp en cada uno de los 16 mp. Al llegar al punto 16, unan con 1 mp al primer punto de la vuelta (el que se hizo al retomar el tejido) [16].
50v-72v: Repitan el patrón de la primera pata. Terminen de rellenar el cuerpo y la segunda pata. Con una aguja de tapicería, cierren la separación entre las patas cosiendo los 4 p centrales con la hebra larga que dejaron al retomar el tejido.

BRAZOS

(hagan 2, comiencen con rojo)
1v: Tejan un anillo de 6 mp [6].
2v: 1 aum en cada uno de los 6 mp [12].
3v-4v: 1 mp en cada uno de los 12 mp [12].
5v: 1 mp, 1 p mota, 10 mp [12].
6v-16v: 1 mp en cada uno de los 12 mp [12].
Continúen con un patrón a rayas, alternando 1 vuelta en color blanco con 1 en azul.
17v-21v: 1 mp en cada uno de los 12 mp [12].
22v: (1mp, 1 dism) repitan 4 veces [8].
Corten dejando una hebra larga para coser. Rellenen. Cosan los brazos entre las vueltas 28 y 29.

COLA

(comiencen con crudo)
1v: Tejan un anillo de 6 mp [6].
2v: 1 aum en cada uno de los 6 mp [12].
3v: (1 mp, 1 aum) repitan 6 veces [18].
4v: 1 mp en cada uno de los 18 mp [18].
5v: (2 mp, 1 aum) repitan 6 veces [24].
6v: 1 mp en cada uno de los 24 mp [24].
7v: (5 mp, 1 aum) repitan 4 veces [28].
8v: 1 mp en cada uno de los 28 mp [28].
9v: (6 mp, 1 aum) repitan 4 veces [32].
10v: 1 mp en cada uno de los 32 mp [32].
Cambien a rojo.
11v-16v: 1 mp en cada uno de los 32 mp [32].
17v: (6 mp, 1 dism) repitan 4 veces [28].
18v-19v: 1 mp en cada uno de los 28 mp [28].
Rellenen un poco y continúen rellenando a medida que tejan.
20v: (5 mp, 1 dism) repitan 4 veces [24].
21v-22v: 1 mp en cada uno de los 24 mp [24].
23v: (4 mp, 1 dism) repitan 4 veces [20].
24v-25v: 1 mp en cada uno de los 20 mp [20].
26v: (3 mp, 1 dism) repitan 4 veces [16].
27v-28v: 1 mp en cada uno de los 16 mp [16].
29v: (2 mp, 1 dism) repitan 4 veces [12].

30v: 1 mp en cada uno de los 12 mp [12].
Corten dejando una hebra larga para coser. Si es
necesario, agreguen más relleno, pero intenten no
rellenar demasiado la última parte de la cola para
que tenga una buena caída. Cosan la cola en la parte
de atrás, centrada, entre las vueltas 43 y 44.

OREJAS

(hagan 2, con rojo)

1v: Tejan un anillo de 6 mp [6].

2v: 1 aum en cada uno de los 6 mp [12].

3v: 1 mp en cada uno de los 12 mp [12].

4v: (3 mp, 1 aum) repitan 3 veces [15].

5v-7v: 1 mp en cada uno de los 15 mp [15].

8v: (4 mp, 1 aum) repitan 3 veces [18].

9v-11v: 1 mp en cada uno de los 18 mp [18].

12v: (5 mp, 1 aum) repitan 3 veces [21].

13v-15v: 1 mp en cada uno de los 21 mp [21].

Corten dejando una hebra larga para coser. Con crudo, borden líneas en el interior de las orejas. No las rellenen y aplánenlas antes de coserlas en la cabeza, entre las vueltas 3 y 12, aprox.

Gilbert Conejo

Gilbert es poeta. Le encanta pasear por el campo, escuchar el viento que sopla a través de la hierba y los árboles, y el zumbido de las abejas en las flores, observar las diminutas motas que brillan en la luz que se cuela por las sombras del bosque y plasmar todas sus experiencias en cientos de cuadernos y papelitos que esparce por toda su casa. Sí, tal vez no sea el conejo más organizado y ordenado del mundo. Pero es un gran poeta. En su tiempo libre, trabaja en una editorial especializada en patrones de tejido de punto y crochet. La excepcional atención de Gilbert a los detalles le permite encontrar el más pequeño error en el mar de números, oraciones y párrafos que se repiten como olas, una y otra vez, en los textos. De vez en cuando cuela alguna pequeña metáfora para que los puntos no se aburran tanto.

NIVEL: **

Tamaño:
38 cm (orejas incluidas)

Materiales:
– Hilo de algodón mediano (worsted: 100 g/170 m) en:
  · gris verdoso
  · crudo
  · amarillo
  · negro
  · rosa pastel
  · rosa pálido
  · crema
  · gris grafito
  · beige
– Aguja de crochet de 2,75 mm (C-2)
– Ojos plásticos de seguridad (10 mm)
– Vellón siliconado
– Aguja de tapicería

Conocimientos necesarios:
anillo mágico (página 32), cambiar de color al inicio de la vuelta (página 35), cambiar de color en el medio de la vuelta (página 35), dividir el cuerpo en dos partes (página 47), unir partes (página 39), bordar (página 38).

Nota: La cabeza y el cuerpo están tejidos en una sola pieza.

CACHETES

(hagan 2, con rosa pastel)
1v: Tejan un anillo de 8 mp [8].
Corten dejando una hebra larga para coser.

HOCICO

(con crudo)
1v: Tejan un anillo de 6 mp [6].
2v: 1 aum en cada uno de los 6 mp [12].
3v: (1 mp, 1 aum) repitan 6 veces [18].
4v: 1 mp en cada uno de los 18 mp [18].
Corten dejando una hebra larga para coser. Con negro, borden la nariz y la boca.

CABEZA Y CUERPO

(comiencen con gris verdoso)
1v: Tejan un anillo de 6 mp [6].
2v: 1 aum en cada uno de los 6 mp [12].
3v: (1 mp, 1 aum) repitan 6 veces [18].
4v: (2 mp, 1 aum) repitan 6 veces [24].
5v: (3 mp, 1 aum) repitan 6 veces [30].
6v: (4 mp, 1 aum) repitan 6 veces [36].
7v: (5 mp, 1 aum) repitan 6 veces [42].
8v: (6 mp, 1 aum) repitan 6 veces [48].
9v: (7 mp, 1 aum) repitan 6 veces [54].
10v: (8 mp, 1 aum) repitan 6 veces [60].
11v-22v: 1 mp en cada uno de los 60 mp [60].
23v: (3 mp, 1 dism) repitan 12 veces [48].
24v: (2 mp, 1 dism) repitan 12 veces [36].
Cosan el hocico entre las vueltas 14 y 19, del lado opuesto al inicio de las vueltas. Rellénenlo antes de terminar de coser. Coloquen los ojos entre las vueltas 16 y 17, a 3 mp de distancia del hocico. Cosan los cachetes bajo los ojos. Con beige, borden pequeñas líneas en la frente.
25v: (4 mp, 1 dism) repitan 6 veces [30].
26v: (1 mp, 1 dism) repitan 10 veces [20].

27v: 1 mp en cada uno de los 20 mp [20].
Rellenen la cabeza. Cambien a crudo.
28v: (1 mp, 1 aum) repitan 10 veces [30].
Continúen con un patrón a rayas, alternando 2
vueltas en amarillo con 1 en crudo.
29v-32v: 1 mp en cada uno de los 30 mp [30].
33v: (4 mp, 1 aum) repitan 6 veces [36].
34v-38v: 1 mp en cada uno de los 36 mp [36].
39v: (8 mp, 1 aum) repitan 4 veces [40].
40v: 1 mp en cada uno de los 40 mp [40].
Cambien a gris verdoso.
41v: Tejan tomando solo la hebra trasera, 1 mp en
cada uno de los 40 mp [40].
42v-49v: 1 mp en cada uno de los 40 mp [40].
No corten la hebra.

PATAS

Dividan el tejido marcando 4 p para el espacio
central delantero entre las patas, 4 p para el
espacio trasero y 16 p para cada extremidad (acá
es muy útil el marcador de puntos). Si las patas
no quedaran bien alineadas con la cabeza, tejan o
destejan algunos medios puntos hasta llegar a la
posición deseada. Unan con 1 mp el último punto
para la pata en la parte trasera con el primer
punto en la parte delantera (contará como el
primer medio punto de la primera vuelta). Así, los
puntos para la primera pata estarán unidos para
seguir tejiendo en vueltas. Continúen tejiendo:
50v-71v: 1 mp en cada uno de los 16 mp [16].
Rellenen firmemente el torso y la primera pata.
72v: (2 mp, 1 dism) repitan 4 veces [12].
73v: 6 dism [6].
Corten dejando una hebra larga para cerrar los
últimos 6 p. Con la aguja de tapicería, pasen por
el centro de cada punto y ajusten hasta cerrar el
agujero. Rematen.

SEGUNDA PATA
Con gris verdoso, retomen en el quinto punto sin
tejer de la espalda en la vuelta 48, dejando una
hebra de inicio larga para cerrar la entrepierna.
Desde este punto, comiencen a tejer la segunda pata.
50v: 1 mp en cada uno de los 16 mp. Al llegar al punto
16, unan con 1 mp al primer punto de la vuelta (el que
se hizo al retomar el tejido) [16].
51v-73v: Repitan el patrón de la primera pata.
Terminen de rellenar el cuerpo y la segunda pata.
Con una aguja de tapicería, cierren la separación
entre las patas cosiendo los 4 p centrales con la
hebra larga que dejaron al retomar el tejido.

BRAZOS

(hagan 2, comiencen con gris verdoso)
1v: Tejan un anillo de 6 mp [6].
2v: 1 aum en cada uno de los 6 mp [12].
3v-4v: 1 mp en cada uno de los 12 mp [12].
5v: 1 mp, 1 p mota, 10 mp [12].
6v-16v: 1 mp en cada uno de los 12 mp [12].
Cambien a crudo y continúen con un patrón a rayas,
alternando 1 vuelta en color crudo con 2 en amarillo.
17v-21v: 1 mp en cada uno de los 12 mp [12].
22v: (1mp, 1 dism) repitan 4 veces [8].
Corten dejando una hebra larga para coser. Rellenen.
Cosan los brazos entre las vueltas 29 y 30.

OREJAS

(hagan 2, comiencen con gris verdoso)

Nota: Para tejer las orejas utilizo la técnica Jacquard. También se pueden tejer en un solo color y hacer el interior por separado, usando el patrón del interior de las orejas de Ramona Vaca, en la página 100.

1v: Tejan un anillo de 5 mp [5].
2v: 1 aum en cada uno de los 5 mp [10].
3v: (1 mp, 1 aum) repitan 5 veces [15].
A partir de la siguiente vuelta, tejan alternando colores (gris verdoso y beige). El color se indica antes entre paréntesis.
4v: *(gris verdoso)* 3 mp, *(beige)* 2 mp, *(gris verdoso)* 10 mp [15].
5v-20v: *(gris verdoso)* 2 mp, *(beige)* 4 mp, *(gris verdoso)* 9 mp [15].
Continúen en gris verdoso.
21v: 1 mp en cada uno de los 15 mp [15]. Corten dejando una hebra larga para coser. No rellenen las orejas. Aplánenlas y dóblenlas antes de coserlas en la cabeza, entre las vueltas 5 y 8, aprox.

MAMELUCO

(comiencen con crema)

Tejan 46 cadenas. Asegúrense de que la cadena no esté torcida y unan los extremos con 1 p enano. Continúen trabajando en espiral, con un patrón a rayas, alternando 1 vuelta en color crema con 1 en gris grafito.

1v-2v: 1 mp en cada uno de los 46 p [46].
3v: (22 mp, 1 aum) repitan 2 veces [48].
4v-5v: 1 mp en cada uno de los 48 p [48].
6v: (23 mp, 1 aum) repitan 2 veces [50].
7v-8v: 1 mp en cada uno de los 50 p [50].
9v: (24 mp, 1 aum) repitan 2 veces [52].
10v-12v: 1 mp en cada uno de los 52 p [52].
No corten la hebra.

PATAS DEL MAMELUCO

Dividan el tejido marcando 4 p para el espacio central delantero entre las patas, 4 p para el espacio trasero y 22 p para cada pata del mameluco (acá es muy útil el marcador de puntos). Unan con un medio punto el último punto para la pata del mameluco en la parte trasera con el primer punto en la parte delantera (contará como el primer medio punto de la primera vuelta). Así, los puntos para la primera pata estarán unidos para seguir tejiendo en vueltas. Continúen tejiendo la primera pata con el patrón a rayas.

13v-19v: 1 mp en cada uno de los 22 mp [22].
20v: 1 p enano en cada uno de los 22 mp [22].
Corten y rematen.

SEGUNDA PATA DEL MAMELUCO

Con crema, retomen en el quinto punto sin tejer de la espalda en la vuelta 12, dejando una hebra de inicio larga para cerrar la entrepierna. Desde este punto, comiencen a tejer la segunda pata del mameluco.

13v: 1 mp en cada uno de los 22 mp. Al llegar al punto 22, unan con 1 mp al primer punto de la vuelta (el que se hizo al retomar el tejido) [22].
14v-20v: Repitan el patrón de la primera pata del mameluco. Corten y rematen. Con una aguja de tapicería, cierren la separación entre las patas del mameluco cosiendo los 4 p centrales con la hebra larga que dejaron al retomar el tejido.

CINTURA Y TIRANTES DEL MAMELUCO
(con rosa pastel)

En la vuelta 1 del mameluco, identifiquen el punto en la mitad de la parte trasera. Con rosa pastel, retomen el tejido a partir de ese punto y tejan la cintura del mameluco.

1v: 1 mp en cada uno de los 46 mp [46].
Continúen con los tirantes del mameluco.

Usando marcadores de punto, marquen los puntos 6, 18, 29 y 41 de la cintura. Estos cuatro marcadores de puntos indicarán dónde comienzan o se unen los tirantes.

2v: Tejan 6 mp, 22 cad, salten 11 p de la cintura, unan con 1 mp al primer punto marcado de la cintura, tejan 11 mp en la cintura, 22 cad, salten 11 p en la cintura, unan con 1 mp al primer medio punto marcado en la espalda de la cintura, 5 mp en la cintura [24 mp + 44 cad].
3v: Tejan tomando solo la hebra trasera 6 p enano hasta llegar al primer tirante y 22 p enano sobre el primer tirante. Tejan tomando solo la hebra trasera 12 p enano y luego 22 p enano sobre el segundo tirante; tomando solo la hebra trasera, tejan los últimos 6 p enano [48].

A continuación trabajen alrededor de cada sisa. Para la sisa izquierda, retomen el tejido con rosa pastel en la parte trasera, justo al lado del tirante derecho. Tejan tomando solo la hebra trasera, 11 p enano sobre la cintura y 22 p enano sobre las cadenas del tirante. Corten la hebra y rematen. Repitan para la sisa derecha. Retomen con rosa pastel e inserten la aguja en el frente del mameluco, justo al lado del tirante izquierdo.

Con rosa pálido, hagan un pompón de 3 cm de diámetro y cósanlo en la parte trasera del mameluco.

Olivia Rosemary Ratoncita

Olivia Rosemary obtuvo su segundo nombre gracias a su tío, Romero Ratón ('Rosemary', en inglés), y le encanta. También sabe que su madre, cuando eligió su primer nombre, tenía a Olivia Flaversham en mente, la ratoncita de "El gran ratón detective". Todos coincidimos en que el aceite de oliva y el romero combinan a la perfección (sobre todo si agregamos ajo y papas al combo). Sí, también podríamos suponer que su madre estaba pensando en la cena cuando eligió su nombre. Independientemente del origen de su nombre, Olivia cree que se parece mucho a la ratoncita del largometraje, y tal vez influida por Lucas Zorro, uno de sus mejores amigos, adora tanto las historias de misterios que ha decidido convertirse en detective privado cuando sea mayor. Por ahora se conforma con leer y releer todos los libros de Arthur Conan Doyle y, por supuesto, también ha empezado con los misterios de Enola Holmes, su nueva heroína.

NIVEL: ✶✶

Tamaño:
30 cm (orejas incluidas)

Materiales:
– Hilo de algodón mediano (worsted: 100 g/170 m) en:
   · marrón topo
   · beige
   · rosa pálido
   · rosa pastel
   · gris grafito
   · menta pastel
   · azul petróleo
– Hilo fino (*fingering/light sport*: 100 g/440 m) en: crudo
– Aguja de crochet de 2,75 mm (C-2)
– Aguja de crochet de 2,25 mm (B-1)
– Ojos plásticos de seguridad (10 mm)
– Vellón siliconado
– Aguja de tapicería

Conocimientos necesarios:
anillo mágico (página 32), cambiar de color en el medio de la vuelta (página 35), dividir el cuerpo en dos partes (página 47), tapestry (página 36), unir partes (página 39), bordar (página 38).

Nota: La cabeza y el cuerpo están tejidos en una sola pieza.

Nota: Usen siempre la aguja de 2,75 mm, a menos que se indique lo contrario.

CACHETES

(hagan 2, con rosa pastel)
1v: Tejan un anillo de 6 mp [6].
2v: 1 aum en cada uno de los 6 mp [12]. Corten dejando una hebra larga para coser.

HOCICO

(con beige)
1v: Tejan un anillo de 6 mp [6].
2v: (1 mp, 1 aum) repitan 3 veces [9].
3v: 1 mp en cada uno de los 9 mp [9].
4v: (2 mp, 1 aum) repitan 3 veces [12].
5v: 1 mp en cada uno de los 12 mp [12]. Corten dejando una hebra larga para coser. Con gris grafito, borden la nariz y la boca.

CABEZA Y CUERPO

(con marrón topo)
1v: Tejan un anillo de 6 mp [6].
2v: 1 aum en cada uno de los 6 mp [12].
3v: (1 mp, 1 aum) repitan 6 veces [18].
4v: (2 mp, 1 aum) repitan 6 veces [24].
5v: (3 mp, 1 aum) repitan 6 veces [30].
6v: (4 mp, 1 aum) repitan 6 veces [36].
7v: (5 mp, 1 aum) repitan 6 veces [42].
8v: (6 mp, 1 aum) repitan 6 veces [48].
9v: (7 mp, 1 aum) repitan 6 veces [54].
10v-20v: 1 mp en cada uno de los 54 mp [54].
21v: (7 mp, 1 dism) repitan 6 veces [48].
22v: (2 mp, 1 dism) repitan 12 veces [36].
Cosan el hocico entre las vueltas 14 y 18, del lado opuesto al inicio de las vueltas. Rellénenlo antes de terminar de coser. Coloquen los ojos entre las vueltas 15 y 16, a 3 mp de distancia del hocico. Cosan los cachetes bajo los ojos.

23v: (4 mp, 1 dism) repitan 6 veces [30].
24v: (3 mp, 1 dism) repitan 6 veces [24].
25v: (2 mp, 1 dism) repitan 6 veces [18].
26v: 1 mp en cada uno de los 18 mp [18].
Rellenen la cabeza.
27v: (1 mp, 1 aum) repitan 9 veces [27].
28v: 1 mp en cada uno de los 27 mp [27].
29v: (2 mp, 1 aum) repitan 9 veces [36].
30v-42v: 1 mp en cada uno de los 36 mp [36].
No corten la hebra.

PATAS

Dividan el tejido marcando 3 p para el espacio
central delantero entre las patas, 3 p para el
espacio trasero y 15 p para cada extremidad (acá
es muy útil el marcador de puntos). Si las patas
no quedaran bien alineadas con la cabeza, tejan o
destejan algunos medios puntos hasta llegar a la
posición deseada. Unan con 1 mp el último punto
para la pata en la parte trasera con el primer
punto en la parte delantera (contará como el
primer medio punto de la primera vuelta). Así, los
puntos para la primera pata estarán unidos para
seguir tejiendo en vueltas. Continúen tejiendo:
43v-60v: 1 mp en cada uno de los 15 mp [15].
Rellenen firmemente el torso y la primera pata.
61v: (1 mp, 1 dism) repitan 5 veces [10].
62v: 5 dism [5].
Corten dejando una hebra larga para cerrar
los últimos 5 p. Con la aguja de tapicería, pasen
por el centro de cada punto y ajusten hasta
cerrar el agujero. Rematen.

SEGUNDA PATA

Con marrón topo, retomen en el cuarto punto sin
tejer de la espalda en la vuelta 42, dejando una
hebra de inicio larga para cerrar la entrepierna.
Desde este punto, comiencen a tejer la segunda
pata.
43v: 1 mp en cada uno de los 15 mp. Al llegar al
punto 15, unan con 1 mp al primer punto de la vuelta
(el que se hizo al retomar el tejido) [15].
44v-62v: Repitan el patrón de la primera pata.
Terminen de rellenar el cuerpo y la segunda pata.
Con una aguja de tapicería, cierren la separación
entre las patas cosiendo los 3 p centrales con la
hebra larga que dejaron al retomar el tejido.

BRAZOS

(hagan 2, con marrón topo)
1v: Tejan un anillo de 5 mp [5].
2v: 1 aum en cada uno de los 5 mp [10].
3v-20v: 1 mp en cada uno de los 10 mp [10].
21v: (3 mp, 1 dism) repitan 2 veces [8].
Corten dejando una hebra larga para coser.
Rellenen. Cosan los brazos entre las vueltas 28 y 29.

OREJAS

(hagan 2)
Las orejas se hacen uniendo 2 círculos tejidos.

CÍRCULO INTERIOR
(con rosa pálido)
1v: Tejan un anillo de 8 mp [8].
2v: 1 aum en cada uno de los 8 mp [16].
3v: (1 mp, 1 aum) repitan 8 veces [24].
4v: (2 mp, 1 aum) repitan 8 veces [32].
5v: (3 mp, 1 aum) repitan 8 veces [40].
Corten la hebra y rematen. Reserven.

CÍRCULO EXTERIOR
(con marrón topo)
1v-5v: Repitan el patrón del círculo interior. No corten la hebra. A continuación, uniremos ambas piezas colocando el revés del círculo rosa pastel sobre el revés del círculo marrón topo.
6v: Inserten la aguja por debajo de ambas lazadas y pasando por ambos círculos, 1 mp en cada uno de los 40 mp, 1 cad y giren [40].
7v: 1 p enano en cada uno de los 40 mp [40].
Unan el último punto enano al primero. Corten dejando una hebra larga para coser. Pellizquen (doblen un poquito) las orejas y cósanlas en la cabeza, entre las vueltas 7 y 9, aprox.

COLA

(con beige)
1v: Tejan un anillo de 5 mp [5].
2v-32v: 1 mp en cada uno de los 5 mp [5].
Corten dejando una hebra larga para coser.
No la rellenen.

BOMBACHUDOS

(con hilo fino y aguja de crochet de 2,25 mm, con color crudo)
Tejan, sin tensar demasiado, 50 cad. Asegúrense de que la cadena no esté torcida y unan ambos extremos con 1 p enano. Continúen trabajando en espiral.

Nota: Comprueben siempre la tensión de las prendas. Si no está quedando como esperan, prueben a cambiar el tamaño de la aguja de crochet, el grosor del hilado o la cantidad de puntos (añadir o deshacer). Es más trabajo, pero el resultado final será más satisfactorio.

1v-2v: 1 mp en cada uno de los 50 p [50].
3v: (4 mp, 1 aum) repitan 10 veces [60].
4v: 1 mp en cada uno de los 60 mp [60].
5v: (5 mp, 1 aum) repitan 10 veces [70].
6v-8v: 1 mp en cada uno de los 70 mp [70].
9v: (6 mp, 1 aum) repitan 10 veces [80].
10v: 6 cad, salten 6 p, 74 mp [80].
11v-18v: 1 mp en cada uno de los 80 mp [80].
No corten la hebra.

PATAS DE LOS BOMBACHUDOS

Dividan el tejido marcando 6 p para el espacio central delantero entre las patas, 6 p para el espacio trasero y 34 p para cada pata del bombachudo (acá es muy útil el marcador de puntos). Asegúrense de que el agujero para la cola en la vuelta 10 esté centrado en la parte de atrás. Unan con 1 mp el último punto para la pata del bombachudo en la parte trasera con el primer punto en la parte delantera (contará como el primer medio punto de la primera vuelta). Así, los puntos para la primera pata estarán unidos para seguir tejiendo en vueltas. Continúen tejiendo la primera pata del bombachudo:
19v-20v: 1 mp en cada uno de los 34 mp [34].
21v: (15 mp, 1 dism) repitan 2 veces [32].
22v-23v: 1 mp en cada uno de los 32 mp [32].
24v: (2 mp, 1 dism) repitan 8 veces [24].
25v: 1 mp en cada uno de los 24 mp [24].
26v: (4 pmv en 1 p, 1 p enano) repitan 12 veces [60].
Corten y rematen.

SEGUNDA PATA DEL BOMBACHUDO

Con crudo, retomen en el séptimo punto sin tejer de la espalda en la vuelta 18, dejando una hebra de inicio larga para cerrar la entrepierna. Desde este punto, comiencen a tejer la segunda pata del bombachudo.
19v: 1 mp en cada uno de los 34 mp. Al llegar al punto 34, unan con 1 mp al primer punto de la vuelta (el que se hizo al retomar el tejido) [34].
20v-26v: Repitan el patrón de la primera pata del bombachudo.

Corten y rematen. Con una aguja de tapicería, cierren la separación entre las patas del bombachudo cosiendo los 6 p centrales con la hebra larga que dejaron al retomar el tejido. Colóquenle los bombachudos a la ratoncita y marquen la posición de la cola. Cósanla.

VESTIDO

(comiencen con menta pastel)
Tejan 34 cad en hileras, en ida y vuelta.
1h: Comiencen en el tercer punto cadena desde la aguja, 32 pmv, 2 cad y giren [32].
2h: 4 pmv, 6 cad, salten 6 p, 12 pmv, 6 cad, salten 6 p, 4 pmv, 2 cad y giren [32].
3h: (3 pmv, 1 aum) repitan 8 veces, 2 cad y giren [40].
4h: 1 pmv en cada uno de los 40 pmv, 2 cad y giren [40].
5h: (4 pmv, 1 aum) repitan 8 veces [48].
Unan con 1 pmv el último punto de la hilera 5 con el primer punto de la misma hilera (contará como el primer pmv de la siguiente hilera). Así, los puntos del vestido estarán unidos para seguir tejiendo en vueltas. Continúen tejiendo:
6v: 1 pmv en cada uno de los 48 pmv [48].
7v: (5 pmv, 1 aum) repitan 8 veces [56].
8v: 1 pmv en cada uno de los 56 pmv [56].
9v: (6 pmv, 1 aum) repitan 8 veces [64].
10v: 1 pmv en cada uno de los 64 pmv [64].

Nota: Trabajen la siguiente vuelta en dos colores, menta pastel para los pmv y azul petróleo para los p mota. De ser posible, utilicen la técnica tapestry, llevando la hebra azul petróleo sobre los pmv.

11v: (3 pmv, 1 p mota) repitan 16 veces [64].
12v: (7 pmv, 1 aum) repitan 8 veces [72].
13v: 1 pmv en cada uno de los 72 pmv [72].
14v: 1 p enano en cada uno de los 72 pmv [72].
Corten la hebra y rematen.

Con menta pastel, retomen insertando la aguja en el lado izquierdo del escote, con el derecho del vestido mirando hacia ustedes. Hagan un borde alrededor de la parte superior del vestido: 32 p enano en cada uno de los 32 p a lo largo del escote, 11 p enano en el primer lado de la abertura de la espalda y otros 10 p enano del otro lado de la abertura. Tejan 5 cad y unan al siguiente punto con 1 p enano. Corten y rematen.

BOTÓN

(con azul petróleo)

1v: Tejan un anillo de 5 mp [5].
2v: 1 mp en cada uno de los 5 mp [5].
Corten dejando una hebra larga para coser. Con la aguja de tapicería, pasen por el centro de cada punto y ajusten hasta cerrar el agujero. Cosan el botón en la parte superior de la abertura en la espalda del vestido, del lado opuesto del ojal.

CAPA

(con gris grafito)

Tejan 33 cad en hileras, en ida y vuelta.
1h: Comiencen en el segundo punto cadena desde la aguja, 32 mp, 2 cad y giren [32].
2h: (7 pmv, 1 aum) repitan 4 veces, 2 cad y giren [36].
3h: (8 pmv, 1 aum) repitan 4 veces, 2 cad y giren [40].
4h: (9 pmv, 1 aum) repitan 4 veces, 2 cad y giren [44].
5h: (10 pmv, 1 aum) repitan 4 veces, 2 cad y giren [48].
6h: (11 pmv, 1 aum) repitan 4 veces, 2 cad y giren [52].
7h: (12 pmv, 1 aum) repitan 4 veces, 2 cad y giren [56].
8h: (13 pmv, 1 aum) repitan 4 veces, 2 cad y giren [60].
9h: (14 pmv, 1 aum) repitan 4 veces, 2 cad y giren [64].
10h: 4 pmv, 10 cad, salten 10 p, 1 pmv, 1 aum, (15 pmv, 1 aum) repitan 2 veces, 2 pmv, 10 cad, salten 10 p, 3 pmv, 1 aum, 2 cad y giren [68].
11h: 1 pmv en cada uno de los 68 pmv, 2 cad y giren [68].
12h: (16 pmv, 1 aum) repitan 4 veces, 2 cad y giren [72].
13h: 1 pmv en cada uno de los 72 pmv [72].
Al finalizar la última hilera, sin girar el tejido, hagan 1 cad y tejan alrededor de 20 mp en uno de los lados de la capa. Luego hagan 25 cad para la primera cinta de la capa, comiencen en el segundo punto cadena desde la aguja, 24 p enano, 1 mp sobre el mp donde inicia la cad. Continúen sobre el escote: (4 pmv en 1 p, salten 1 p, 1 p enano, salten 1 p) repitan 8 veces, 4 pmv en 1 p. Tejan 25 cad para hacer la segunda cinta, comiencen en el segundo punto cadena desde la aguja, 24 p enano, 1 mp sobre el mp donde inicia la cad y alrededor de otros 20 mp del otro lado de la capa. Terminen con 72 p enano sobre la hilera 13. Corten la hebra y rematen.

Horacio Oso Polar

Los padres de Horacio son músicos, así que desde que era un pequeño osezno ha estado de gira por el mundo. Al principio no le gustaba estar lejos de su hogar, en el Polo Norte. Extrañaba sus comidas favoritas y a sus amigos. Con el tiempo, gracias a su curiosidad y a las ganas de encontrar comida deliciosa y buen café, Horacio incorporó en su rutina viajera visitar los mercados y los sitios donde comen los lugareños. Así descubrió algo maravilloso: todo el mundo es feliz, ríe y hace nuevos amigos cuando hay comida de por medio. Como no puede vivir sin su café matutino, acaba de embarcarse para conocer todas las variedades, los cultivos y las formas de prepararlo, teniendo en cuenta el medio ambiente, la sustentabilidad y los derechos sociales. Y aunque no le guste el calor, la vida tropical le sienta bien. Su trabajo actual es la excusa perfecta para seguir viajando, hacer nuevos amigos y visitar a viejos conocidos.

NIVEL: *

Tamaño:
31 cm (orejas incluidas)

Materiales:
– Hilo de algodón mediano (*worsted*: 100 g/170 m) en:
  · crudo
  · azul marino
  · blanco
  · rosa pastel
  · negro
  · amarillo
– Aguja de crochet de 2,75 mm (C-2)
– Ojos plásticos de seguridad (10 mm)
– Vellón siliconado
– Aguja de tapicería

Conocimientos necesarios:
anillo mágico (página 32), cambiar de color al inicio de la vuelta (página 35), unir partes (página 39), dividir el cuerpo en dos partes (página 47), punto pata de gallo o pied de poule (en el patrón), bordar (página 38).

Nota: La cabeza y el cuerpo están tejidos en una sola pieza.

HOCICO

(con crudo)

1v: Tejan un anillo de 8 mp [8].
2v: 1 aum en cada uno de los 8 mp [16].
3v-7v: 1 mp en cada uno de los 16 mp [16]. Corten dejando una hebra larga para coser. Con negro, borden la nariz y la boca.

CABEZA Y CUERPO

(comiencen con crudo)

1v: Tejan un anillo de 6 mp [6].
2v: 1 aum en cada uno de los 6 mp [12].
3v: (1 mp, 1 aum) repitan 6 veces [18].
4v: (2 mp, 1 aum) repitan 6 veces [24].
5v: (3 mp, 1 aum) repitan 6 veces [30].
6v: (4 mp, 1 aum) repitan 6 veces [36].
7v: (5 mp, 1 aum) repitan 6 veces [42].
8v: (6 mp, 1 aum) repitan 6 veces [48].

9v: (7 mp, 1 aum) repitan 6 veces [54].
10v-23v: 1 mp en cada uno de los 54 mp [54]. Cosan el hocico entre las vueltas 13 y 18, del lado opuesto al inicio de las vueltas. Rellenen el hocico antes de terminar de coser. Coloquen los ojos entre las vueltas 14 y 15, a 3 mp de distancia del hocico. Con rosa pastel, borden los cachetes bajo los ojos.
24v: (8 mp, 1 aum) repitan 6 veces [60]. Continúen con un patrón a rayas, alternando 1 vuelta en color azul marino con 2 en blanco.
25v-27v: 1 mp en cada uno de los 60 mp [60].
28v: (9 mp, 1 aum) repitan 6 veces [66].
29v-33v: 1 mp en cada uno de los 66 mp [66].
34v: (10 mp, 1 aum) repitan 6 veces [72].
35v-42v: 1 mp en cada uno de los 72 mp [72]. Cambien a rosa pastel.
43v: 1 mp en cada uno de los 72 mp [72]. Cambien a crudo.
44v: Tejan tomando solo la hebra trasera, (11 mp, 1 aum) repitan 6 veces [78].
45v-51v: 1 mp en cada uno de los 78 mp [78].
52v: (11 mp, 1 dism) repitan 6 veces [72].
53v-55v: 1 mp en cada uno de los 72 mp [72].
56v: (10 mp, 1 dism) repitan 6 veces [66].

57v-59v: 1 mp en cada uno de los 66 mp [66].
60v: (9 mp, 1 dism) repitan 6 veces [60].
61v-62v: 1 mp en cada uno de los 60 mp [60].
63v: (8 mp, 1 dism) repitan 6 veces [54].
64v: 1 mp en cada uno de los 54 mp [54].
No corten la hebra.

PATAS

Dividan el tejido marcando 6 p para el espacio central delantero entre las patas, 6 para el espacio trasero y 21 para cada extremidad (acá es muy útil el marcador de puntos). Si las patas no quedaran bien alineadas con la cabeza, tejan o destejan algunos medios puntos hasta llegar a la posición deseada. Unan con 1 mp el último punto para la pata en la parte trasera con el primer punto en la parte delantera (contará como el primer medio punto de la primera vuelta). Así, los puntos para la primera pata estarán unidos para seguir tejiendo en vueltas. Continúen tejiendo:
65v-72v: 1 mp en cada uno de los 21 mp [21].
Rellenen firmemente el torso y la primera pata.
73v: (1 mp, 1 dism) repitan 7 veces [14].
74v: 7 dism [7].
Corten dejando una hebra larga para cerrar los últimos 7 p. Con la aguja de tapicería, pasen por el centro de cada punto y ajusten hasta cerrar el agujero. Rematen.

SEGUNDA PATA

Con crudo, retomen en el séptimo punto sin tejer de la espalda en la vuelta 64, dejando una hebra de inicio larga para cerrar la entrepierna. Desde este punto, comiencen a tejer la segunda pata.
65v: 1 mp en cada uno de los 21 mp. Al llegar al punto 21, unan con 1 mp al primer punto de la vuelta (el que se hizo al retomar el tejido) [21].
66v-74v: Repitan el patrón de la primera pata. Terminen de rellenar el cuerpo y la segunda pata. Con una aguja de tapicería, cierren la separación entre las patas cosiendo los 6 p centrales con la hebra larga que dejaron al retomar el tejido.

BRAZOS

(hagan 2, comiencen con crudo)
1v: Tejan un anillo de 5 mp [5].
2v: 1 aum en cada uno de los 5 mp [10].
3v: (1 mp, 1 aum) repitan 5 veces [15].
4v-5v: 1 mp en cada uno de los 15 mp [15].
6v: 1 mp, 1 p mota, 13 mp [15].
7v-18v: 1 mp en cada uno de los 15 mp [15].
Cambien a azul marino y continúen con un patrón a rayas, alternando 1 vuelta en color azul marino con 2 en blanco.
19v-23v: 1 mp en cada uno de los 15 mp [15].
24v: (1mp, 1 dism) repitan 5 veces [10].
Corten dejando una hebra larga para coser. Rellenen. Cosan los brazos entre las vueltas 26 y 27.

OREJAS

(hagan 2, con crudo)
1v: Tejan un anillo de 5 mp [5].
2v: 1 aum en cada uno de los 5 mp [10].
3v-5v: 1 mp en cada uno de los 10 mp [10].
Corten dejando una hebra larga para coser. No las rellenen y aplánenlas antes de coserlas a la cabeza, entre las vueltas 3 y 8, aprox.

COLA

(con crudo)
1v: Tejan un anillo de 5 mp [5].
2v-4v: 1 mp en cada uno de los 5 mp [5].
Corten dejando una hebra larga para coser.
No la rellenen. Cósanla en la espalda, centrada entre las vueltas 50 y 51.

PANTALÓN

(comiencen con amarillo)

Tejan 72 cad. Asegúrense de que la cadena no esté torcida y unan ambos extremos con 1 p enano. Continúen trabajando en espiral.

Nota: *Los pantalones se tejen en punto pata de gallo o pied de poule, alternando 1 mp y 1 pv. Al comenzar la siguiente vuelta, recuerden que siempre se trabaja 1 pv donde había 1 mp de la vuelta anterior, y viceversa.*

1v: (1 mp, 1 pv) repitan hasta el final de la vuelta [72].
Cambien a blanco.
2v: (1 pv, 1 mp) repitan hasta el final de la vuelta [72].
Cambien a amarillo.
3v-17v: Repitan las vueltas 1 y 2 (incluyendo los cambios de color) [72].
No corten la hebra.

PATAS DEL PANTALÓN

Dividan el tejido marcando 6 p para el espacio central delantero entre las patas, 6 p para el espacio trasero y 30 p para cada pata del pantalón (acá es muy útil el marcador de puntos). Unan con 1 mp el último punto para la pata del pantalón en la parte trasera con el primer punto en la parte delantera (contará como el primer medio punto de la primera vuelta). Así, los puntos para la primera pata del pantalón estarán unidos para seguir tejiendo en vueltas. Continúen tejiendo la primera pata del pantalón:

Nota: Dependiendo de dónde dividan el pantalón, tendrán que empezar la vuelta 18 con 1 mp o 1 pv. No se preocupen, no hay diferencia en el resultado final.

18v: Tejan en punto pata de gallo, 1 p en cada uno de los 30 p [30].
Cambien a amarillo.
19v: (4 mp, 1 dism) repitan 5 veces [25].
20v: 1 mp en cada uno de los 25 mp [25].
21v: 1 p enano en cada uno de los 25 mp [25].
Corten la hebra y rematen.

SEGUNDA PATA DEL PANTALÓN

Con blanco, retomen en el séptimo punto sin tejer de la espalda en la vuelta 17, dejando una hebra de inicio larga para cerrar la entrepierna. Desde este punto, comiencen a tejer la segunda pata del pantalón.
18v: Tejan en punto pata de gallo, 1 p en cada una de los 30 p. Al llegar al punto 30, unan con 1 mp al primer punto de la vuelta (el que se hizo al retomar el tejido) [30].
19v-21v: Repitan el patrón de la primera pata del pantalón.
Corten y rematen. Con una aguja de tapicería, cierren la separación entre las patas del pantalón cosiendo los 6 p centrales con la hebra larga que dejaron al retomar el tejido.

CINTURA DEL PANTALÓN
(con rosa pastel)

Retomen en el primer punto de la primera vuelta del pantalón.
1v-2v: 1 mp en cada uno de los 72 p [72].
3v: Tejan tomando solo la hebra trasera, 1 p enano en cada uno de los 72 p [72].
Corten la hebra y rematen.

TIRANTES DEL PANTALÓN
(hagan 2, comiencen con amarillo)

Tejan 49 cad en hileras, en ida y vuelta.
1h: Comiencen en el segundo p cad desde la aguja, 48 p enano, 1 cad y giren [48].
Cambien a blanco.
2h-3h: Tejan tomando solo la hebra trasera, 48 p enano, 1 cad y giren [48].
Cambien a amarillo.
4h: Tejan tomando solo la hebra trasera, 48 p enano, 1 cad y giren [48].
5h: Tejan tomando solo la hebra trasera, 48 p enano [48].
Corten dejando una hebra larga para coser. Cosan un extremo del tirante al frente del pantalón, en el interior de la cintura rosa pastel. Cosan el otro extremo del tirante a la parte de atrás del pantalón, a unos 15 p de donde cosieron el primer extremo. Cosan el segundo tirante de la misma manera.

Ron Panda Rojo

Ron es un poquito parlanchín. Posee la sorprendente capacidad de parlotear sobre cualquier tema. En serio, de todo lo que se les ocurra. También es muy curioso, así que lee mucho, todo el día, a diario. Y le gusta cualquier tema, en especial los datos curiosos, manuales de herramientas y cosas que nadie quiere leer. Y es muy bueno recordando todo lo que lee, con todo lujo de detalles. También es fantástico reparando cosas. De cualquier tipo. Y quizá por la misma razón que puede recordar todo lo que ha leído con lujo de detalles, también puede reparar las cosas que nadie puede. Como ese grifo que no deja de gotear o el chirrido de la puerta del armario a las seis de la mañana, cuando intentan no despertar a toda la familia. Sin lugar a duda, podríamos decir que Ron es el mejor "señor manitas"... y también el más parlanchín. Nunca se aburrirán si Ron está presente, ni necesitarán prender la radio para que les haga compañía mientras arregla algo, de eso pueden estar seguros.

NIVEL: **

Tamaño:
27 cm (orejas incluidas)

Materiales:
– Hilo de algodón mediano (*worsted*: 100 g/170 m) en:
  · naranja terracota
  · crudo
  · rojo ladrillo
  · negro
  · rosa pastel
  · crema
  · gris grafito
  · amarillo
– Aguja de crochet de 2,75 mm (C-2)
– Aguja de crochet de 3,5 mm (E-4)
– Ojos plásticos de seguridad (10 mm)
– Vellón siliconado
– Aguja de tapicería

Conocimientos necesarios:
anillo mágico (página 32), tejer a ambos lados de la cadena base (página 34), cambiar de color al inicio de la vuelta (página 35), cambiar de color en el medio de la vuelta (página 35), dividir el cuerpo en dos partes (página 26), unir partes (página 39), punto media vareta deslizado (página 47), bordar (página 38).

Nota: La cabeza y el cuerpo están tejidos en una sola pieza.

Nota: Usen siempre la aguja 2,75 mm, a menos que se indique lo contrario.

CACHETES

(hagan 2, con rosa pastel)
1v: Tejan un anillo de 6 mp [6]. Corten dejando una hebra larga para coser.

HOCICO

(con crudo)
Tejan 6 cad. Tejan a ambos lados de la cadena base.
1v: Comiencen en el segundo p cad desde la aguja, 4 mp, 3 mp en último p cad. Continúen sobre el otro lado de la cadena base, 3 mp, 1 aum [12].
2v: 1 aum, 3 mp, 3 aum, 3 mp, 2 aum [18].
3v-4v: 1 mp en cada uno de los 18 mp [18].
Corten dejando una hebra larga para coser. Con negro, borden la nariz y la boca.

CABEZA Y CUERPO

(comiencen con naranja terracota)
1v: Tejan un anillo de 6 mp [6].
2v: 1 aum en cada uno de los 6 mp [12].
3v: (1 mp, 1 aum) repitan 6 veces [18].
4v: (1 mp, 1 aum) repitan 9 veces [27].
5v: (2 mp, 1 aum) repitan 9 veces [36].
6v: (3 mp, 1 aum) repitan 9 veces [45].
7v: (4 mp, 1 aum) repitan 9 veces [54].
8v: (8 mp, 1 aum) repitan 6 veces [60].
9v-11v: 1 mp en cada uno de los 60 mp [60].
A partir de la siguiente vuelta, tejan alternando colores (naranja terracota y crudo). El color se indica antes entre paréntesis.
12v: (*naranja terracota*) (9 mp, 1 aum) repitan 2 veces, 2 mp, (*crudo*) 4 mp, (*naranja terracota*) 3 mp, 1 aum, 5 mp, (*crudo*) 4 mp, (*naranja terracota*) 1 aum, (9 mp, 1 aum) repitan 2 veces [66].
13v: (*naranja terracota*) 22 mp, (*crudo*) 7 mp, (*naranja terracota*) 8 mp, (*crudo*) 7 mp, (*naranja terracota*) 22 mp [66].
14v: (*naranja terracota*) 21 mp, (*crudo*) 7 mp, (*naranja terracota*) 10 mp, (*crudo*) 7 mp, (*naranja terracota*) 21 mp [66].

15v-16v: (*naranja terracota*) 20 mp, (*crudo*) 3 mp, (*naranja terracota*) 20 mp, (*crudo*) 3 mp, (*naranja terracota*) 20 mp [66].

17v: (*naranja terracota*) 19 mp, (*crudo*) 4 mp, (*naranja terracota*) 20 mp, (*crudo*) 4 mp, (*naranja terracota*) 19 mp [66].

18v: (*naranja terracota*) 18 mp, (*crudo*) 4 mp, (*naranja terracota*) 22 mp, (*crudo*) 4 mp, (*naranja terracota*) 18 mp [66].

19v-20v: (*naranja terracota*) 17 mp, (*crudo*) 5 mp, (*naranja terracota*) 22 mp, (*crudo*) 5 mp, (*naranja terracota*) 17 mp [66].

21v: (*naranja terracota*) 17 mp, (*crudo*) 6 mp, (*naranja terracota*) 20 mp, (*crudo*) 6 mp, (*naranja terracota*) 17 mp [66].

22v: (*naranja terracota*) 18 mp, (*crudo*) 6 mp, (*naranja terracota*) 18 mp, (*crudo*) 6 mp, (*naranja terracota*) 18 mp [66].

23v: (*naranja terracota*) 9 mp, 1 dism, 8 mp, (*crudo*) 1 mp, 1 dism, 3 mp, (*naranja terracota*) 6 mp, 1 dism, 8 mp, (*crudo*) 1 mp, 1 dism, 3 mp, (*naranja terracota*) 6 mp, 1 dism, 9 mp, 1 dism [60].

24v: (*naranja terracota*) (3 mp, 1 dism) repitan 3 veces, 3 mp, (*crudo*) 1 dism, 3 mp, 1 dism, (*naranja terracota*) (3 mp, 1 dism) repitan 2 veces, 2 mp, (*crudo*) 1 mp, 1 dism, 3 mp, (*naranja terracota*) 1 dism, (3 mp, 1 dism) repitan 3 veces [48].

Continúen en naranja terracota.

25v: (2 mp, 1 dism) repitan 12 veces [36].

Cosan el hocico entre las vueltas 15 y 20. Rellénenlo antes de terminar de coser. Coloquen los ojos entre las vueltas 16 y 17, a 3 mp de distancia del hocico. Cosan los cachetes bajo los ojos.

26v: (4 mp, 1 dism) repitan 6 veces [30].

27v: (3 mp, 1 dism) repitan 6 veces [24].

28v: 1 mp en cada uno de los 24 mp [24].

Rellenen la cabeza.

29v: (2 mp, 1 aum) repitan 8 veces [32].

30v: 1 mp en cada uno de los 32 mp [32].

31v: (3 mp, 1 aum) repitan 8 veces [40].

32v-34v: 1 mp en cada uno de los 40 mp [40].

35v: (9 mp, 1 aum) repitan 4 veces [44].

36v-39v: 1 mp en cada uno de los 44 mp [44].

40v: (10 mp, 1 aum) repitan 4 veces [48].

41v-49v: 1 mp en cada uno de los 48 mp [48].

50v: (6 mp, 1 aum) repitan 6 veces [42].

51v-53v: 1 mp en cada uno de los 42 mp [42].

Cambien a rojo ladrillo.

54v: 1 mp en cada uno de los 42 mp [42].

No corten la hebra.

PATAS

Dividan el tejido marcando 3 p para el espacio central delantero entre las patas, 3 p para el espacio trasero y 18 p para cada extremidad (acá es muy útil el marcador de puntos). Si las patas no quedaran bien alineadas con la cabeza, tejan o destejan algunos medios puntos hasta llegar a la posición deseada.

Unan con 1 mp el último punto para la pata en la parte trasera con el primer punto en la parte delantera (contará como el primer medio punto de la primera vuelta). Así, los puntos para la primera pata estarán unidos para seguir tejiendo en vueltas. Continúen tejiendo:

55v-62v: 1 mp en cada uno de los 18 mp [18].

Rellenen firmemente el torso y la primera pata.

63v: (1 mp, 1 dism) repitan 6 veces [12].

64v: 6 dism [6].

Corten dejando una hebra larga para cerrar los últimos 6 p. Con la aguja de tapicería, pasen por el centro de cada punto y ajusten hasta cerrar el agujero. Rematen.

SEGUNDA PATA

Con rojo ladrillo, retomen en el cuarto punto sin tejer de la espalda en la vuelta 54, dejando una hebra de inicio larga para cerrar la entrepierna. Desde este punto, comiencen a tejer la segunda pata.

55v: 1 mp en cada uno de los 18 mp. Al llegar al punto 18, unan con 1 mp al primer punto de la vuelta (el que se hizo al retomar el tejido) [18].

56v-64v: Repitan el patrón de la primera pata. Terminen de rellenar el cuerpo y la segunda pata. Con una aguja de tapicería, cierren la separación entre las patas cosiendo los 3 p centrales con la hebra larga que dejaron al retomar el tejido.

BRAZOS

(hagan 2, comiencen con rojo ladrillo)
1v: Tejan un anillo de 6 mp [6].
2v: 1 aum en cada uno de los 6 mp [12].
3v-4v: 1 mp en cada uno de los 12 mp [12].
5v: 1 mp, 1 p mota, 10 mp [12].
6v: 1 mp en cada uno de los 12 mp [12].
Cambien a naranja terracota.
7v-17v: 1 mp en cada uno de los 12 mp [12].
18v: (4 mp, 1 dism) repitan 2 veces [10].
Corten dejando una hebra larga para coser.
Rellenen. Cosan los brazos entre las vueltas 30 y 31.

OREJAS

(hagan 2, comiencen con crudo)
1v: Tejan un anillo de 6 mp [6].
A partir de la siguiente vuelta, tejan alternando colores
(crudo y rojo ladrillo). El color se indica antes entre paréntesis.
2v: (*crudo*) 3 aum, (*rojo ladrillo*) 3 aum [12].
3v: (*crudo*) 6 mp, (*rojo ladrillo*) 6 mp [12].
4v: (*crudo*) (1 mp, 1 aum) repitan 3 veces, (*rojo ladrillo*)
(1 mp, 1 aum) repitan 3 veces [18].
5v: (*crudo*) 9 mp, (*rojo ladrillo*) 9 mp [18].
6v: (*crudo*) (2 mp, 1 aum) repitan 3 veces, (*rojo ladrillo*)
(2 mp, 1 aum) repitan 3 veces [24].
7v-8v: (*crudo*) 12 mp, (*rojo ladrillo*) 12 mp [24].
Corten dejando una hebra larga para coser. Con naranja
terracota, borden líneas en la parte color crudo de la oreja.
No las rellenen y aplánenlas antes de coserlas a la cabeza
entre las vueltas 2 y 11 de la cabeza.

COLA

(comiencen con rojo ladrillo)
1v: Tejan un anillo de 6 mp [6].
2v: 1 aum en cada uno de los 6 mp [12].
3v: (1 mp, 1 aum) repitan 6 veces [18].
4v: (2 mp, 1 aum) repitan 6 veces [24].
5v: (3 mp, 1 aum) repitan 6 veces [30].

6v-7v: 1 mp en cada uno de los 30 mp [30].
Cambien a naranja terracota y continúen con
un patrón a rayas, alternando 3 vueltas en
color naranja terracota con 3 en rojo ladrillo.
Rellenen la cola y continúen rellenando a
medida que tejan.
8v-28v: 1 mp en cada uno de los 30 mp [30].
29v: (8 mp, 1 dism) repitan 3 veces [27].
30v-34v: 1 mp en cada uno de los 27 mp [27].
35v: (7 mp, 1 dism) repitan 3 veces [24].
36v-37v: 1 mp en cada uno de los 24 mp [24].
38v: (6 mp, 1 dism) repitan 3 veces [21].
39v-40v: 1 mp en cada uno de los 21 mp [21].
Corten dejando una hebra larga para coser.
Si es necesario, agreguen más relleno, pero
intenten no rellenar demasiado la última
parte de la cola para que tenga buena caída.
Cosan la cola en la parte de atrás, centrada
entre las vueltas 46 y 49.

PANTALÓN

(comiencen con crema)
Tejan 52 cad. Asegúrense de que la cadena
no esté torcida y unan ambos extremos con
1 p enano. Continúen trabajando en espiral.
1v: 1 mp en cada uno de los 52 p [52].
Cambien a gris grafito.
2v: (12 mp, 1 aum) repitan 4 veces [56].
Continúen trabajando en espiral, con un
patrón a rayas, alternando 2 vueltas en
crema con 1 en gris grafito.
3v-7v: 1 mp en cada uno de los 56 p [56].
8v: 1 mp, 10 cad, salten 10 p, 45 mp [56].
9v-14v: 1 mp en cada uno de los 56 p [56].
No corten la hebra.

PATAS DEL PANTALÓN
Dividan el tejido marcando 4 p para el espacio
central delantero entre las patas, 4 p para
el espacio trasero y 24 p para cada pata
del pantalón (acá es muy útil el marcador
de puntos). Asegúrense de que el agujero

para la cola en la vuelta 8 esté centrado en la espalda. Unan con 1 mp el último punto para la pata del pantalón en la parte trasera con el primer punto en la parte delantera (contará como el primer medio punto de la primera vuelta). Así, los puntos para la primera pata del pantalón estarán unidos para seguir tejiendo en vueltas. Continúen tejiendo la primera pata del pantalón con el patrón a rayas.

15v-17v: 1 mp en cada uno de los 24 mp [24].
Continúen en gris grafito.
18v: Tomando solo la hebra trasera, 1 p enano en cada uno de los 24 mp [24].
Corten la hebra y rematen.

SEGUNDA PATA DEL PANTALÓN

Con crema, retomen en el quinto punto sin tejer de la espalda en la vuelta 14, dejando una hebra de inicio larga para cerrar la entrepierna. Desde este punto, comiencen a tejer la segunda pata del pantalón.

15v: 1 mp en cada una de las 24 mp. Al llegar al punto 24, unan con 1 mp al primer punto de la vuelta (el que se hizo al retomar el tejido) [24].
16v-18v: Repitan el patrón de la primera pata del pantalón.
Corten la hebra y rematen. Con una aguja de tapicería, cierren la separación entre las patas del pantalón cosiendo los 4 p centrales con la hebra larga que dejaron al retomar el tejido.

CINTURA DEL PANTALÓN
(con amarillo)

Retomen en el primer punto de la vuelta 1.
1v-2v: 1 mp en cada uno de los 52 p [52].
3v: 1 p enano en cada uno de los 52 p [52].
Corten la hebra y rematen.

BUFANDA

(con rojo ladrillo, aguja de crochet de 3,5 mm)
Tejan 108 cad. Tejan en hileras, ida y vuelta.
1h: Comiencen en el tercer p cad desde la aguja, 106 pmvd, 1 cad y giren [106].
2h-8h: Tejan tomando solo la hebra trasera, 1 pmvd en cada uno de los 106 pmvd, 1 cad y giren [106].
Corten la hebra y rematen.
Con rosa pastel, hagan 2 pompones de 5 cm.
Cosan 1 pompón en cada extremo de la bufanda.

Angus Ardilla

Orgulloso escocés y fanático de los desayunos, Angus cree que los "elevenses" o segundo desayuno —los pasteles, la fruta, las tostadas y el té que toma como tentempié entre el primer desayuno y el almuerzo— son fundamentales para mantener el buen humor durante todo el día. Como quizá hayan notado, es un fiel adepto de la filosofía hóbbit: relajarse, disfrutar de cada momento y con mucha, pero mucha, comida de por medio.
Mientras Angus practica este modo de vida (dedicarse exclusivamente a comer), trabaja en su tienda de comestibles, el oficio ideal si quieres tener al alcance de la mano los productos mejores y más frescos. Y como es superselectivo con lo que quiere comer, su mercado es la mejor, más maravillosa y colorida tienda de la ciudad.

NIVEL: *

Tamaño:
25 cm (orejas incluidas)

Materiales:
– Hilo de algodón mediano (*worsted*: 100 g/170 m) en:
  · amarillo mostaza
  · crudo
  · blanco
  · azul marino
  · marrón
  · negro
– Aguja de crochet de 2,75 mm (C-2)
– Ojos plásticos de seguridad (8 mm)
– Vellón siliconado
– Aguja de tapicería

Conocimientos necesarios:
anillo mágico (página 32), cambiar de color al inicio de la vuelta (página 35), cambiar de color en el medio de la vuelta (página 35), dividir el cuerpo en dos partes (página 47), unir partes (página 39), bordar (página 38).

Nota: La cabeza y el cuerpo están tejidos en una sola pieza.

HOCICO

(comiencen con crudo)

1v: Tejan un anillo de 6 mp [6].
A partir de la siguiente vuelta, tejan alternando colores (crudo y amarillo mostaza). El color se indica antes entre paréntesis.
2v: (*crudo*) 3 aum, (*amarillo mostaza*) 2 aum, (*crudo*) 1 aum [12].
3v: (*crudo*) (1 mp, 1 aum) repitan 3 veces, (*amarillo mostaza*) (1 mp, 1 aum) repitan 2 veces, (*crudo*) 1 mp, 1 aum [18].
4v: (*crudo*) 9 mp, (*amarillo mostaza*) 6 mp, (*crudo*) 3 mp [18].
Tejan otros 2 mp para completar el espacio en crudo necesario para bordar la boca. Corten dejando una hebra larga para coser. Con negro, borden la nariz y la boca.

CABEZA Y CUERPO

(comiencen con amarillo mostaza)

1v: Tejan un anillo de 6 mp [6].
2v: 1 aum en cada uno de los 6 mp [12].
3v: (1 mp, 1 aum) repitan 6 veces [18].
4v: (2 mp, 1 aum) repitan 6 veces [24].
5v: (3 mp, 1 aum) repitan 6 veces [30].
6v: (4 mp, 1 aum) repitan 6 veces [36].
7v: (5 mp, 1 aum) repitan 6 veces [42].
8v: (6 mp, 1 aum) repitan 6 veces [48].
9v-14v: 1 mp en cada uno de los 48 mp [48]. Cambien a crudo.
15v: (3 mp, 1 aum) repitan 12 veces [60].
16v: (4 mp, 1 aum) repitan 12 veces [72].
17v-18v: 1 mp en cada uno de los 72 mp [72].
19v: (2 mp, 1 dism) repitan 18 veces [54].
20v: (7 mp, 1 dism) repitan 6 veces [48].
21v: (2 mp, 1 dism) repitan 12 veces [36].
Cosan el hocico entre las vueltas 13 y 18 del lado opuesto al inicio de las vueltas. Rellenen el hocico antes de terminar de coser. Coloquen los ojos entre las vueltas 14 y 15, a 2 mp de distancia del hocico. Con marrón, borden 2 líneas al lado de cada ojo y algunas líneas cortas en la frente.

22v: (4 mp, 1 dism) repitan 6 veces [30].
23v: (1 mp, 1 dism) repitan 10 veces [20].
24v: 1 mp en cada uno de los 20 mp [20].
Rellenen la cabeza. Continúen con un patrón a rayas, alternando 1 vuelta en color azul marino con 1 en blanco.
25v: (1 mp, 1 aum) repitan 10 veces [30].
26v: 1 mp en cada uno de los 30 mp [30].
27v: (4 mp, 1 aum) repitan 6 veces [36].
28v-30v: 1 mp en cada uno de los 36 mp [36].
31v: (8 mp, 1 aum) repitan 4 veces [40].

32v-36v: 1 mp en cada uno de los 40 mp [40].
Cambien a amarillo mostaza.
37v: Tejan tomando solo la hebra trasera, (9 mp, 1 aum) repitan 4 veces [44].
38v-50v: 1 mp en cada uno de los 44 mp [44].
51v: (9 mp, 1 dism) repitan 4 veces [40].
52v-54v: 1 mp en cada uno de los 40 mp [40].
No corten la hebra.

PATAS

Dividan el tejido marcando 4 p para el espacio central delantero entre las patas, 4 para el espacio trasero y 16 para cada extremidad (acá es muy útil el marcador de puntos). Si las patas no quedaran bien alineadas con la cabeza, tejan o destejan algunos medios puntos hasta llegar a la posición deseada. Unan con 1 mp el último punto para la pata en la parte trasera con el primer punto en la parte delantera (contará como el primer medio punto de la primera vuelta). Así, los puntos para la primera pata estarán unidos para seguir tejiendo en vueltas. Continúen tejiendo:

55v-59v: 1 mp en cada uno de los 16 mp [16].
Rellenen firmemente el torso y la primera pata.
60v: (2 mp, 1 dism) repitan 4 veces [12].
61v: 6 dism [6].
Corten dejando una hebra larga para cerrar los últimos 6 p. Con la aguja de tapicería, pasen por el centro de cada punto y ajusten hasta cerrar el agujero. Rematen.

SEGUNDA PATA

Con amarillo mostaza, retomen en el quinto punto sin tejer de la espalda en la vuelta 54, dejando una hebra de inicio larga para cerrar la entrepierna. Desde este punto, comiencen a tejer la segunda pata.
55v: 1 mp en cada uno de los 16 mp. Al llegar al punto 16, unan con 1 mp al primer punto de la vuelta (el que se hizo al retomar el tejido) [16].
56v-61v: Repitan el patrón de la primera pata. Terminen de rellenar el cuerpo y la segunda pata. Con una aguja de tapicería, cierren la separación entre las patas cosiendo los 4 p centrales con la hebra larga que dejaron al retomar el tejido.

BRAZOS

(hagan 2, comiencen con amarillo mostaza)
1v: Tejan un anillo de 5 mp [5].
2v: 1 aum en cada uno de los 5 mp [10].
3v-9v: 1 mp en cada uno de los 10 mp [10]. Continúen con un patrón a rayas, alternando 1 vuelta en color blanco con 1 en azul marino.
10v-17v: 1 mp en cada uno de los 10 mp [10].
18v: (3 mp, 1 dism) repitan 2 veces [8].
Corten dejando una hebra larga para coser. Rellenen. Cosan los brazos entre las vueltas 26 y 27.

OREJAS

(hagan 2, con amarillo mostaza)
1v: Tejan un anillo de 6 mp [6].
2v: 1 aum en cada uno de los 6 mp [12].
3v-5v: 1 mp en cada uno de los 12 mp [12].
Corten dejando una hebra larga para coser. Con crudo, borden líneas en el interior de la oreja. No las rellenen y aplánenlas antes de coserlas a la cabeza.

COLA

(comiencen con amarillo mostaza)

La cola se trabaja comenzando por la parte superior,
que luego dividirán en dos partes: la punta y la base.

1v: Tejan un anillo de 6 mp [6].
2v: 1 aum en cada uno de los 6 mp [12].
3v: (1 mp, 1 aum) repitan 6 veces [18].
4v: (2 mp, 1 aum) repitan 6 veces [24].
5v: (3 mp, 1 aum) repitan 6 veces [30].
6v: (4 mp, 1 aum) repitan 6 veces [36].
7v: (5 mp, 1 aum) repitan 6 veces [42].
8v: (6 mp, 1 aum) repitan 6 veces [48].
9v-12v: 1 mp en cada uno de los 48 mp [48].
No corten la hebra, continuaremos con la punta
de la cola.

PUNTA DE LA COLA

Tejan 12 cad. Salten 26 p y unan el último p cad al 27.º
punto de la vuelta 12 haciendo 1 mp. De esta forma,
la punta de la cola estará formada por 22 p en la
parte superior de la cola y 12 p cad. Continúen de la
siguiente manera:

1v: 1 mp en cada uno de los 34 p (22 mp en los puntos
de la cola y 12 mp en los p cad) [34].
2v: (1 dism, 8 mp) repitan 2 veces, (1 dism, 5 mp)
repitan 2 veces [30].

3v: 1 mp en cada uno de los 30 mp [30].
4v: (3 mp, 1 dism) repitan 6 veces [24].
5v: (2 mp, 1 dism) repitan 6 veces [18].
6v: (1mp, 1 dism) repitan 6 veces [12].
7v: 6 dism [6].
Corten dejando una hebra larga para cerrar los últimos
6 p. Con la aguja de tapicería, pasen por el centro de
cada punto y ajusten hasta cerrar el agujero. Rematen.

BASE DE LA COLA

Con amarillo mostaza, retomen en el primer punto a la
izquierda de la punta de la cola, en la vuelta 12.
13v: 26 mp en los puntos de la cola, 12 mp tomando solo
la hebra delantera de los p cad. Unan con
1 mp al primer punto de la vuelta (el que se hizo al
retomar el tejido) [38].
14v: 26 mp, 1 dism, 8 mp, 1 dism [36].
15v: 26 mp, 1 dism, 6 mp, 1 dism [34].
16v: 1 dism, 24 mp, 1 dism, 6 mp [32].
17v: 1 dism, 22 mp, 1 dism, 6 mp [30].
18v-19v: 1 mp en cada uno de los 30 mp [30].
20v: 1 dism, 20 mp, 1 dism, 6 mp [28].
21v-22v: 1 mp en cada uno de los 28 mp [28].
Rellenen la punta y la parte superior de la cola.
23v: 1 dism, 18 mp, 1 dism, 6 mp [26].
24v-25v: 1 mp en cada uno de los 26 mp [26].
26v: 1 dism, 16 mp, 1 dism, 6 mp [24].
27v-28v: 1 mp en cada uno de los 24 mp [24].
29v: 1 dism, 14 mp, 1 dism, 6 mp [22].
30v-36v: 1 mp en cada uno de los 22 mp [22].
Corten dejando una hebra (muy) larga para coser.
Rellenen la parte de la base de la cola, pero no la
rellenen demasiado a la altura del extremo abierto.
Aplanen ese extremo. Cosan la cola a la espalda,
centrada sobre las vueltas 35 a 51. Primero cosan el
borde interior de la cola a la vuelta 50 (de derecha a
izquierda). Luego cosan el borde exterior de la cola a
la vuelta 51 (de izquierda a derecha). Cosan el lateral,
uniendo el lateral de la cola a la vuelta 51 hasta la 35.
Cosan de derecha a izquierda en la vuelta 35. Cosan
el otro lado, uniendo el lateral de la cola a la vuelta 35
hasta la vuelta 51. Corten la hebra y rematen.

Humboldt Pingüino

Humboldt recibió su nombre de uno de los más grandes exploradores y geógrafos naturales de la historia moderna, sir Friedrich Wilhelm Heinrich Alexander von Humboldt. ¡Menudo nombre! Es "Ale" para los amigos. Para honrar tan importante y largo nombre, nuestro querido Humboldt Pingüino es geógrafo, naturalista y explorador de todos los océanos del planeta. Su objetivo es ser el sir Von Humboldt de los mares, al viajar y explorar lo desconocido. Sus amigos sospechan que su verdadero deseo es probar todas las variedades de pescado que encuentre en su camino, pero cualquiera que sea su motivación, nadie duda de su entusiasmo y perseverancia, ya que pasa la mayor parte de los días perfeccionando sus técnicas de natación e ilustración naturalista. Se ha vuelto bastante bueno dibujando, principalmente peces... y sus propios pies.

NIVEL: ★★

Tamaño:
23 cm

Materiales:
– Hilo de algodón mediano (*worsted*: 100 g/170 m) en:
· azul petróleo
· crudo
· gris verdoso
· rojo
· amarillo
· rosa pastel
– Aguja de crochet de 2,75 mm (C-2)
– Aguja de crochet de 3,5 mm (E-4)
– Ojos plásticos de seguridad ovales (12 × 8 mm)
– Vellón siliconado
– Aguja de tapicería

Conocimientos necesarios:
anillo mágico (página 32), tejer a ambos lados de la cadena base (página 34), cambiar de color al inicio de la vuelta (página 35), cambiar de color en el medio de la vuelta (página 35), dividir el cuerpo en dos partes (página 47), unir partes (página 39), tejer en la hebra del reverso de la cadena (página 20), punto media vareta deslizado (página 26), bordar (página 38).

Nota: La cabeza y el cuerpo están tejidos en una sola pieza.

Nota: Usen siempre la aguja 2,75 mm, a menos que se indique lo contrario.

PICO

(con amarillo)

1v: Tejan un anillo de 8 mp [8].
2v: 1 mp en cada uno de los 8 mp [8].
Corten dejando una hebra larga para coser. No lo rellenen.

CACHETES

(hagan 2, con rosa pastel)

1v: Tejan un anillo de 8 mp [8].
Corten dejando una hebra larga para coser.

CABEZA Y CUERPO

(comiencen con azul petróleo)

1v: Tejan un anillo de 6 mp [6].
2v: 1 aum en cada uno de los 6 mp [12].
3v: (1 mp, 1 aum) repitan 6 veces [18].
4v: (2 mp, 1 aum) repitan 6 veces [24].
5v: (3 mp, 1 aum) repitan 6 veces [30].
6v: (4 mp, 1 aum) repitan 6 veces [36].
7v: (5 mp, 1 aum) repitan 6 veces [42].
8v: (6 mp, 1 aum) repitan 6 veces [48].
9v: 1 mp en cada uno de los 48 mp [48].
A partir de la siguiente vuelta, tejan alternando colores (azul petróleo y crudo). El color se indica antes entre paréntesis.
10v: (*azul petróleo*) 16 mp, (*crudo*) 4 mp, (*azul petróleo*) 8 mp, (*crudo*) 4 mp, (*azul petróleo*) 16 mp [48].
11v: (*azul petróleo*) 15 mp, (*crudo*) 6 mp, (*azul petróleo*) 6 mp, (*crudo*) 6 mp, (*azul petróleo*) 15 mp [48].
12v-14v: (*azul petróleo*) 14 mp, (*crudo*) 8 mp, (*azul petróleo*) 4 mp, (*crudo*) 8 mp, (*azul petróleo*) 14 mp [48].
15v-17v: (*azul petróleo*) 14 mp, (*crudo*) 20 mp, (*azul petróleo*) 14 mp [48].
Continúen en azul petróleo.
18v: (11 mp, 1 aum) repitan 4 veces [52].
Cosan el pico entre las vueltas 13 y 15. Coloquen los ojos entre las vueltas 14 y 15, a 3 mp de distancia del pico. Cosan los cachetes bajo los ojos.
Continúen con un patrón a rayas, alternando 1 vuelta en color rojo con 2 en crudo.

19v-21v: 1 mp en cada uno de los 52 mp [52].
22v: (12 mp, 1 aum) repitan 4 veces [56].
23v-25v: 1 mp en cada uno de los 56 mp [56].
26v: (13 mp, 1 aum) repitan 4 veces [60].
27v-28v: 1 mp en cada uno de los 60 mp [60].
Cambien a gris verdoso.
29v: Tejan tomando solo la hebra trasera, 1 mp en cada uno de los 60 mp [60].
30v: (9 mp, 1 aum) repitan 6 veces [66].
31v-44v: 1 mp en cada uno de los 66 mp [66].
45v: (9 mp, 1 dism) repitan 6 veces [60].
46v-47v: 1 mp en cada uno de los 60 mp [60].
48v: (8 mp, 1 dism) repitan 6 veces [54].
49v-51v: 1 mp en cada uno de los 54 mp [54].
No corten la hebra.

PATAS

Dividan el tejido marcando 12 p para el espacio central delantero entre las patas, 12 p para el espacio trasero y 15 p para cada extremidad (acá es muy útil el marcador de puntos). Si las patas no quedaran bien alineadas con la cabeza, tejan o destejan algunos medios puntos hasta llegar a la posición deseada. Unan con 1 mp el último punto para la pata en la parte trasera con el primer punto en la parte delantera (contará como el primer medio punto de la primera vuelta). Así, los puntos para la primera pata estarán unidos para seguir tejiendo en vueltas. Continúen tejiendo:
52v: 1 mp en cada uno de los 15 mp [15].
Corten dejando una hebra larga para coser.
No cierren la pata. Rellenen firmemente el cuerpo y la primera pata.

SEGUNDA PATA

Con gris verdoso, retomen en el 13.º punto sin tejer de la espalda en la vuelta 51, dejando una hebra de inicio larga para cerrar la entrepierna. Desde este punto, comiencen a tejer la segunda pata.
52v: 1 mp en cada uno de los 15 mp. Al llegar al punto 15, unan con 1 mp al primer punto de la vuelta (el que se hizo al retomar el tejido) [15].

Corten dejando una hebra larga para coser. No cierren la pata. Añadan más relleno si es necesario.
Con una aguja de tapicería, cierren la separación entre las patas cosiendo los 12 p centrales con la hebra larga que dejaron al retomar el tejido.

PATAS PALMEADAS

(hagan 2, con amarillo)
1v: Tejan un anillo de 5 mp [5].
2v: 1 mp en cada uno de los 5 mp [5].
3v: 1 aum en cada uno de los 5 mp [10].
4v: 1 mp en cada uno de los 10 mp [10].
5v: (1 mp, 1 aum) repitan 5 veces [15].
6v: 1 mp en cada uno de los 15 mp [15].
7v: (2 mp, 1 aum) repitan 5 veces [20].
8v-11v: 1 mp en cada uno de los 20 mp [20].
Corten dejando una hebra larga para coser. No las rellenen. Aplánenlas y, usando una aguja de tapicería, cosan el extremo abierto. Cosan las patas palmeadas a las patas.

ALETAS

(hagan 2, con azul petróleo)
1v: Tejan un anillo de 6 mp [6].
2v: 1 mp en cada uno de los 6 mp [6].
3v: (2 mp, 1 aum) repitan 2 veces [8].
4v-5v: 1 mp en cada uno de los 8 mp [8].
6v: (3 mp, 1 aum) repitan 2 veces [10].
7v-8v: 1 mp en cada uno de los 10 mp [10].
9v: (4 mp, 1 aum) repitan 2 veces [12].
10v-11v: 1 mp en cada uno de los 12 mp [12].
12v: (5 mp, 1 aum) repitan 2 veces [14].
13v-14v: 1 mp en cada uno de los 14 mp [14].
15v: (6 mp, 1 aum) repitan 2 veces [16].
16v-17v: 1 mp en cada uno de los 16 mp [16].
18v: (7 mp, 1 aum) repitan 2 veces [18].
19v-20v: 1 mp en cada uno de los 18 mp [18].
Corten dejando una hebra larga para coser. No las rellenen. Aplánenlas y cósanlas entre las vueltas 20 y 21.

CAPA DE LLUVIA

La capa de lluvia está compuesta por dos partes:
la capa y la capucha. Se tejen de forma separada
y luego se unen cosiendo.

*Nota: Tanto la capucha como la capa están
tejidas con el punto media vareta deslizado
(tejiendo solo la hebra trasera). Si no están
acostumbrados a este punto (yo no lo estoy),
es mejor ir contando las hileras a medida que
tejan.*

*Nota: La capa de lluvia es justita, como si a
Humboldt le quedara pequeña. Si desean hacer
una capa más grande, pueden comenzar con 18
o 21 p cad en la capucha y hacer más hileras en
la capa.*

CAPUCHA

(con amarillo, aguja de crochet de 3,5 mm)
Tejan 15 cad. La primera hilera se teje a ambos lados
de la cadena base. Luego tejan punto media vareta
deslizados (pmvd) en hileras, en ida y vuelta.
1v: Comiencen en el segundo punto cadena desde la
aguja, 13 pmvd, 3 pmvd en el último punto. Continúen
al otro lado de la cadena base, 14 pmvd, 1 cad y
giren [30].
2v-13v: Tejan tomando solo la hebra trasera,
1 pmvd en cada uno de los 30 p, 1 cad y giren [30].
14v: 1 p enano en cada uno de los 30 p [30].
Corten dejando una hebra larga para coser.

CAPA

(con amarillo, aguja de crochet de 3,5 mm)
Tejan 19 cad. Tejan en hileras, ida y vuelta.
Tejan la primera hilera insertando la aguja
en la hebra del reverso de la cadena base.

1h: Comiencen insertando la aguja en la hebra del reverso del segundo p cad, 5 p enano, 13 pmvd, 1 cad y giren [18].
2h: Tejan tomando solo la hebra trasera, 13 pmvd, 5 p enano [18].
3h: Tejan tomando solo la hebra trasera, 5 p enano, 13 pmvd [18].
4h-62h: Repitan las hileras 2 y 3. Corten la hebra y rematen.

ARMADO
Identifiquen el centro de la capucha y el lado más largo de la capa. El extremo con los p enano en la capa formará el cuello, así que es el lado superior. Cuenten 5 p desde la parte superior de la capa (hasta donde comienzan los pmvd). Coloquen la capucha en esta línea y estírenla para que solo queden 9 p en cada extremo de los costados de la capa. Fijen con marcadores de punto y cosan la capucha a la capa.

TIRAS DE LA CAPA
Inserten la aguja en 1 p de la segunda hilera de la capa, justo al lado del comienzo del cuello, con el revés de la capa hacia ustedes, hagan una lazada y saquen la hebra. Tejan 27 cad. Comiencen en el segundo punto cadena desde la aguja, 26 p enano. Corten la hebra y rematen. Hagan una segunda tira en el otro extremo de la capa de la misma manera.

Tina Lemur

Tina nació en Madagascar, la cuarta isla más grande del mundo y una de las más singulares. Descendiente de una numerosa familia de profesionales de la salud, desde pequeña viajó y conoció los lugares más recónditos del planeta. Así conoció a Lupita Mona Araña y Otis Perezoso. Rápidamente se convirtieron en los mejores amigos y descubrieron la magia de los cielos nocturnos. Con los años, Tina siguió el camino que la apasionaba desde niña: cuidar a quien lo necesitase, sin importar el tamaño o la especie. En la actualidad, no solo estudia para ser enfermera, como su abuelo y su tía, sino que también trabaja de niñera. Adora estar con las pequeñas criaturas de la isla, jugar con ellas y cuidarlas, por supuesto. Y aunque no tiene la oportunidad de ver a Lupita y Otis tanto como le gustaría, hablan casi todas las noches mientras observan juntos el cielo estrellado.

NIVEL: *

Tamaño:
36 cm (orejas incluidas)

Materiales:
– Hilo de algodón mediano
(worsted: 100 g/170 m) en:
· gris cálido claro
· crudo
· gris grafito
· gris cálido oscuro
· amarillo
· menta pastel
· amarillo mostaza
· crema
– Aguja de crochet de
2,75 mm (C-2)
– Ojos plásticos de
seguridad (10 mm)
– Vellón siliconado
– Aguja de tapicería

Conocimientos necesarios:
*anillo mágico (página 32),
cambiar de color al inicio
de la vuelta (página 35),
cambiar de color en el medio
de la vuelta (página 35), unir
partes (página 39), punto
bloques (en el patrón), punto
cangrejo (página 30), bordar
(página 38).*

Nota: *La cabeza y el cuerpo están tejidos en una sola pieza.*

CACHETES

(hagan 2, con amarillo)
1v: Tejan un anillo de 8 mp [8].
Corten dejando una hebra larga para coser.

HOCICO

(con gris grafito)
1v: Tejan un anillo de 6 mp [6].
2v: 1 aum en cada uno de los 6 mp [12].
3v-4v: 1 mp en cada uno de los 12 mp [12].
5v: 2 mp, 4 aum, 6 mp [16].
6v: 5 mp, 3 aum, 8 mp [19].
Corten dejando una hebra larga para coser. Con gris cálido oscuro, borden la nariz y la boca.

CABEZA Y CUERPO

(comiencen con gris grafito)
1v: Tejan un anillo de 6 mp [6].
2v: 1 aum en cada uno de los 6 mp [12].
3v: (1 mp, 1 aum) repitan 6 veces [18].
4v: (1 mp, 1 aum) repitan 9 veces [27].
5v: (2 mp, 1 aum) repitan 9 veces [36].
6v: (3 mp, 1 aum) repitan 9 veces [45].
7v: (4 mp, 1 aum) repitan 9 veces [54].
8v: (8 mp, 1 aum) repitan 6 veces [60].
9v-11v: 1 mp en cada uno de los 60 mp [60].
Cambien a crudo.
12v: 1 mp en cada uno de los 60 mp [60].
A partir de la siguiente vuelta, tejan alternando colores (crudo y gris cálido oscuro). El color se indica antes entre paréntesis.
13v: (crudo) 17 mp, (*gris cálido oscuro*) 9 mp, (*crudo*) 8 mp, (*gris cálido oscuro*) 9 mp, (*crudo*) 17 mp [60].
14v-18v: (crudo) 19 mp, (*gris cálido oscuro*) 8 mp, (*crudo*) 6 mp, (*gris cálido oscuro*) 8 mp, (*crudo*) 19 mp [60].
19v: (crudo) 20 mp, (*gris cálido oscuro*) 6 mp, (*crudo*) 8 mp, (*gris cálido oscuro*) 6 mp, (*crudo*) 20 mp [60].

Continúen en crudo.
20v-21v: 1 mp en cada uno de los 60 mp [60].
22v: (3 mp, 1 dism) repitan 12 veces [48].
23v: (2 mp, 1 dism) repitan 12 veces [36].
24v: (4 mp, 1 dism) repitan 6 veces [30].
Cosan el hocico entre las vueltas 13 y 20, en el espacio en color crudo entre los parches gris cálido oscuro. Rellenen el hocico antes de terminar de coser. Coloquen los ojos entre las vueltas 16 y 17, a 2 mp de distancia del hocico. Cosan los cachetes al lado de los ojos.
25v: (1 mp, 1 dism) repitan 10 veces [20].
A partir de la siguiente vuelta, tejan alternando colores (crudo y gris cálido claro). El color se indica antes entre paréntesis.

Nota: *El parche crudo del pecho debe quedar alineado con el rostro.*

26v: (*gris cálido claro*) 9 mp, (*crudo*) 5 mp, (*gris cálido claro*) 6 mp [20].
Rellenen la cabeza.
27v: (*gris cálido claro*) (1 mp, 1 aum) repitan 4 veces, 1 mp, (*crudo*) (1 aum, 1 mp) repitan 2 veces, 1 aum, (*gris cálido claro*) (1 mp, 1 aum) repitan 3 veces [30].
28v: (*gris cálido claro*) 14 mp, (*crudo*) 6 mp, (*gris cálido claro*) 10 mp [30].
Continúen en gris cálido claro.
29v: (4 mp, 1 aum) repitan 6 veces [36].
30v-46v: 1 mp en cada uno de los 36 mp [36].
47v: (4 mp, 1 dism) repitan 6 veces [30].
48v: (3 mp, 1 dism) repitan 6 veces [24].
Rellenen el cuerpo firmemente.
49v: (2 mp, 1 dism) repitan 6 veces [18].
50v: (1 mp, 1 dism) repitan 6 veces [12].
51v: 6 dism [6].
Corten dejando una hebra larga para cerrar los últimos 6 p. Con la aguja de tapicería, pasen por el centro de cada punto y ajusten hasta cerrar el agujero. Rematen.

OREJAS

(hagan 2, con crudo)
1v: Tejan un anillo de 6 mp [6].
2v: (1 mp, 1 aum) repitan 3 veces [9].
3v: (2 mp, 1 aum) repitan 3 veces [12].
4v: 1 mp en cada uno de los 12 mp [12].
5v: (1 mp, 1 aum) repitan 6 veces [18].
6v-9v: 1 mp en cada uno de los 18 mp [18].
Corten dejando una hebra larga para coser. Con gris grafito, borden líneas en el interior de las orejas. No las rellenen y aplánenlas antes de coserlas a la cabeza entre las vueltas 5 y 11.

PATAS

(hagan 2, comiencen con gris grafito)
1v: Tejan un anillo de 5 mp [5].
2v: 1 aum en cada uno de los 5 mp [10].
3v-7v: 1 mp en cada uno de los 10 mp [10].
8v: (4 mp, 1 aum) repitan 2 veces [12].
9v-11v: 1 mp en cada uno de los 12 mp [12].
Rellenen un poco y continúen rellenando a medida que tejan.
12v: (5 mp, 1 aum) repitan 2 veces [14].
13v: 1 mp en cada uno de los 14 mp [14].
En la próxima vuelta, tejan alternando 1 p en color gris grafito con 1 p en gris cálido claro.
14v: 1 mp en cada uno de los 14 mp [14].
Cambien a gris cálido claro.
15v-35v: 1 mp en cada uno de los 14 mp [14].
36v: (5 mp, 1 dism) repitan 2 veces [12].
Corten dejando una hebra larga para coser.

DEDOS

(con gris grafito)

Inserten la aguja de crochet en la vuelta 2 de la
pata, saquen una lazada, tejan 6 cad y giren.
1h: Comiencen en el segundo punto cadena desde
la aguja, 5 p enano [5].
Unan con 1 p enano al punto siguiente en la pata.
Tejan 6 cad y repitan la hilera 1 tres veces más
[4 dedos en total].
Corten la hebra y rematen. Cosan las patas en el
cuerpo, entre las vueltas 45 y 46.

BRAZOS

(hagan 2, comiencen con crudo)
1v: Tejan un anillo de 5 mp [5].
2v: 1 aum en cada uno de los 5 mp [10].
3v-8v: 1 mp en cada uno de los 10 mp [10].
9v: (4 mp, 1 aum) repitan 2 veces [12].
Rellenen un poco y continúen rellenando a medida
que tejan. En la próxima vuelta, tejan alternando
1 p en crudo con 1 p en gris cálido claro.
10v: 1 mp en cada uno de los 12 mp [12].
Cambien a gris cálido claro.
11v-26v: 1 mp en cada uno de los 12 mp [12].
27v: (1 mp, 1 dism) repitan 4 veces [8].
Corten dejando una hebra larga para coser.

DEDOS

(con crudo)

Repitan el patrón de los dedos de las patas.
Corten la hebra y rematen. Cosan los brazos a
ambos lados del cuerpo, entre las vueltas 28 y 29.

COLA

(comiencen con gris grafito)
1v: Tejan un anillo de 6 mp [6].
2v: 1 aum en cada uno de los 6 mp [12].
3v: (1 mp, 1 aum) repitan 6 veces [18].
4v-10v: 1 mp en cada uno de los 18 mp [18].
Continúen con un patrón a rayas, alternando
3 vueltas en color crudo con 3 en gris grafito.

Rellenen la cola y continúen rellenando a medida que tejan.
11v: (7 mp, 1 aum) repitan 2 veces [16].
12v-25v: 1 mp en cada uno de los 16 mp [16].
26v: (6 mp, 1 dism) repitan 2 veces [14].
27v-40v: 1 mp en cada uno de los 14 mp [14].
41v: (5 mp, 1 dism) repitan 2 veces [12].
42v-52v: 1 mp en cada uno de los 12 mp [12].
Corten dejando una hebra larga para coser. Si es necesario,
agreguen más relleno, pero intenten no rellenar demasiado
la última parte de la cola para que tenga buena caída.
Cosan la cola en la parte de atrás, centrada entre las
vueltas 45 y 46.

VESTIDO

El vestido se realiza haciendo 2 cuadrados tejidos en punto
bloques que luego se unen cosiendo.

CUADRADO

(hagan 2, comiencen con menta pastel)
Tejan 34 cad. Tejan en hileras, ida y vuelta.

Nota: *El punto bloque se trabaja tejiendo 2 hileras en la
misma dirección: una en punto vareta y otra tejiendo en
los espacios entre los puntos vareta. Presten especial
atención al lado "derecho" y al lado "revés" del trabajo.*

Nota: *Cuenten las 3 cad que saltamos al principio como
el primer pv.*

1h (derecho): Comiencen en la cuarta cad desde la aguja,
31 pv [32]. Marquen el último punto.
No corten la hebra. No giren el tejido, manténganlo con el
lado derecho hacia ustedes.

Nota: *En la siguiente hilera tejerán en los espacios entre
los puntos vareta de la primera hilera.*

2h (derecho): Lacen y saquen una hebra de color crema en el primer espacio entre las 3 cad de inicio que saltaron y el primer pv, tejan 1 mp en ese espacio, (2 cad, salten los espacios entre los siguientes 2 pv, 1 mp en el siguiente espacio) repitan 10 veces. Marquen el último punto. No corten la hebra y giren el tejido.

3h (revés): Retiren el marcador que colocaron al final de la hilera 1, continúen con el color menta pastel, tejan 3 cad, (3 pv en el espacio de 2 cad de la hilera 2) repitan 10 veces, 1 pv en el espacio entre el mp y las 3 cad que hicieron al comienzo de la hilera 1. Marquen el último punto. No corten la hebra. No giren el tejido, manténganlo con el revés hacia ustedes.

4h (revés): Retiren el marcador que colocaron al final de la hilera 2, continúen con el color crema, tejan 2 cad, 1 mp en el espacio entre las 3 cad y el primer pv, (2 cad, 1 mp en el espacio entre los abanicos de 3 pv) repitan 9 veces, 2 cad, 1 mp en el espacio entre el último abanico de 3 pv y el último punto vareta de la hilera 3. Marquen el último punto. No corten la hebra y giren el tejido.

5h (derecho): Retiren el marcador de puntos que colocaron al final de la hilera 3, continúen con el color menta pastel, tejan 3 cad, (3 pv en el espacio de 2 cad de la hilera 4) repitan 10 veces, 1 pv en el espacio entre el mp y las 3 cad que hicieron al comienzo de la hilera 3. Marquen el último punto. No corten la hebra. No giren el tejido y manténganlo con el lado derecho hacia ustedes.

6h (derecho): Retiren el marcador que colocaron al final de la hilera 4, continúen con el color crema, tejan 2 cad, 1 mp en el espacio entre las 3 cad y el primer pv, (2 cad, 1 mp en el espacio entre los abanicos de 3 pv) repitan 9 veces, 2 cad, 1 mp en el espacio entre el último abanico e 3 pv y el último punto vareta de la hilera 5. Marquen el último punto. No corten la hebra y giren el tejido.

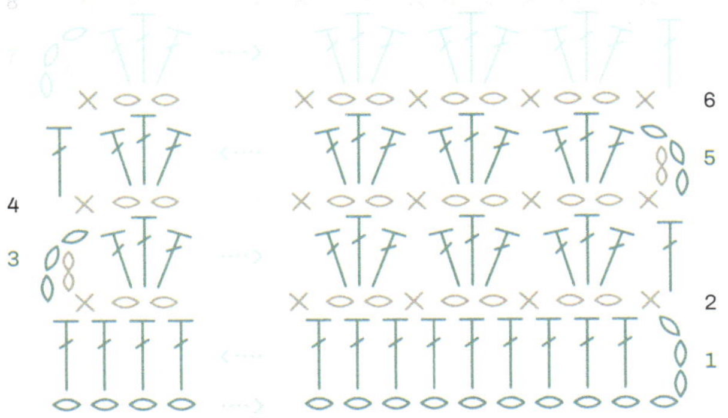

7h: Repitan la hilera 3.
8h: Repitan la hilera 4.
Corten el color crema.
9h: Repitan la hilera 5.
Lacen y saquen una hebra color amarillo mostaza
en el último medio punto color crema de la hilera 8.
10h: Repitan la hilera 6 con amarillo mostaza
11h: Repitan la hilera 3 con menta pastel.
12h: Repitan la hilera 4 con amarillo mostaza.
13h: Repitan la hilera 5 con menta pastel.
14h: Repitan la hilera 6 con amarillo mostaza.
15h: Repitan la hilera 3 con menta pastel.
16h: Repitan la hilera 4 con amarillo mostaza.
17h: Repitan la hilera 5 con menta pastel.
Corten dejando una hebra larga menta pastel.
Corten y rematen la hebra amarillo mostaza.

ARMADO DEL VESTIDO

Comiencen cosiendo la parte de arriba. Coloquen los
cuadrados con el lado derecho hacia arriba y la hilera
17 de ambas piezas tocándose. En la hilera 17, marquen
8 p en cada extremo para los hombros y 16 p en el
centro para el escote (la cadena de inicio de la hilera
17 cuenta como el primer pv, 32 p en total).
Pueden usar marcadores de puntos para mantener
ambas piezas unidas. Las unirán con la técnica
de puntos deslizados de costura al crochet.
Usando la hebra larga de color menta pastel que
dejaron al terminar las piezas, inserten la aguja de
crochet de adelante hacia atrás en la hebra trasera
de la esquina derecha del primer cuadrado. Lacen y
saquen una hebra del color menta pastel.
Mantengan la hebra por debajo de las piezas que
están uniendo (y manténganla siempre debajo del
trabajo mientras continúan uniendo ambos cuadrados).
Luego, inserten la aguja de crochet de arriba abajo, en
la hebra trasera de la esquina del segundo cuadrado.
Lacen y saquen la hebra de color menta pastel por
todas las lazadas en la aguja para hacer el primer punto
deslizado. Inserten la aguja de crochet, de adelante
hacia atrás, en la siguiente hebra trasera del primer
cuadrado y en la siguiente hebra trasera del segundo
cuadrado. Lacen y saquen la hebra de menta pastel a
través de todas las lazadas en la aguja para completar
el siguiente punto deslizado.

Repitan el procedimiento hasta que hayan
completado los 8 p deslizados (o p enano) del
primer hombro. Corten la hebra y rematen.
Unan de la misma manera los extremos del otro
lado, para el otro hombro.
Para unir los bordes del vestido, den la vuelta
al vestido, con el revés hacia fuera. Alineen los
extremos y, con una aguja de tapicería, cosan
los bordes desde la hilera 1 hasta la 9 (donde
comienza la primera hilera en color amarillo
mostaza). Cosan el otro lado de la misma manera.
Los agujeros resultantes a ambos lados son las
sisas del vestido.

ESCOTE
(con menta pastel)

Retomen insertando la aguja de crochet en el
primer punto al lado de la costura de un hombro
en la hilera 17. Tejan 16 p enano, 2 p enano sobre
la costura del hombro, 16 p enano, 2 p enano
sobre la otra costura del hombro [36].
Corten la hebra y rematen.

MANGAS
(con menta pastel)

Retomen insertando la aguja de crochet en un
extremo del borde, en el centro de la parte inferior
de la sisa.

1v: Tejan 3 cad, 26 pv alrededor de la sisa, unan
con 1 p enano al tercer p cad del inicio [27].
2v: 1 p enano en cada uno de los 27 p [27].
Corten la hebra y rematen. Hagan la segunda
manga de la misma manera.

BORDE INFERIOR DEL VESTIDO
(con menta pastel)

Retomen insertando la aguja de crochet en la
hilera 1, en el borde inferior del vestido.

1v: Inserten la aguja de crochet en los espacios
entre los p vareta de la hilera 1, 1 mp en cada uno
de los 64 p [64].
2v: Tejan 1 cad, 1 p cangrejo en cada uno de los
64 p [64].
Corten la hebra y rematen.

Ramona Vaca

Ramona creció jugando con Lucas Zorro, por lo que no es de extrañar que pasara gran parte del tiempo leyendo novelas de detectives y misterio (y viendo "Volver al futuro" más veces que cualquier otro ser que haya conocido, y conoce a muchos). Lo que más disfrutaba de esas historias era la parte en la que los personajes buscaban pistas y conectaban los puntos para encontrar la verdad. Así comenzó a investigar por su vecindario, buscando misterios sin resolver, como quién se había comido el último pastelito de la tía abuela de Eduardo Tiernosaurio o dónde escondía Angus Ardilla su comida durante el invierno. Ahora Ramona es una consumada periodista de investigación que escribe para los principales medios de comunicación del mundo, pero siempre se toma el tiempo para redactar historias de misterio divertidas y llenas de intriga para el periódico de su pueblo natal.

NIVEL: ***

Tamaño:
35 cm (cuernos incluidos)

Materiales:
– Hilo de algodón mediano (*worsted*: 100 g/170 m) en:
  · marrón
  · rosa pastel
  · rosa pálido
  · amarillo cúrcuma
  · crema
  · negro
  · gris grafito
  · menta pastel
– Opcional: hilado fino (*fingering/light* sport: 100 g/440 m) en menta pastel
– Aguja de crochet de 2,75 mm (C-2)
– Opcional: Aguja de 2,00 mm
– Ojos plásticos de seguridad (10 mm)
– Vellón siliconado
– Aguja de tapicería

Conocimientos necesarios: *anillo mágico (página 32), tejer a ambos lados de la cadena base (página 34), cambiar de color al inicio de la vuelta (página 35), dividir el cuerpo en dos partes (página 47), tejer en la hebra del reverso de la cadena (página 20), punto media vareta deslizado (página 26), punto de colchonero (en el patrón), unir con punto plano (página 94), unir partes (página 39), bordar (página 38).*

CACHETES

(hagan 2, con rosa pastel)
1v: Tejan un anillo de 8 mp [8].
Corten dejando una hebra larga para coser.

CABEZA

(comiencen con rosa pastel)
Tejan 8 cad. Tejan en ambos lados de la cadena base.
1v: Comiencen en el segundo punto cadena desde la aguja,1 aum, 5 mp, 4 mp en el último punto. Continúen en el otro lado de la cadena base, 5 mp, 1 aum [18].
2v: 2 aum, 5 mp, 4 aum, 5 mp, 2 aum [26].
3v: 2 mp, 1 aum, 8 mp, 1 aum, 3 mp, 1 aum, 8 mp, 1 aum, 1 mp [30].
4v-5v: 1 mp en cada uno de los 30 mp [30]. Cambien a crema.
6v-8v: 1 mp en cada uno de los 30 mp [30]. Cambien a marrón. A partir de la siguiente vuelta, tejan alternando colores (marrón y crema). El color se indica antes entre paréntesis.

Nota: *El parche de color crema debería estar en el centro de la parte larga del trabajo. Si es necesario, hagan o deshagan algunos puntos en marrón al principio de la vuelta 9 para conseguir la posición correcta.*

Nota: *En las próximas vueltas, a veces leerán "½ aum". En estos casos, trabajen el primer punto del aumento en un color y el segundo en otro.*

9v: (*marrón*) 5 mp, 1 aum, ½ aum, (*crema*) ½ aum, 2 aum, ½ aum, (*marrón*) ½ aum, 1 aum, 19 mp [36].
10v-12v: (*marrón*) 8 mp, (*crema*) 6 mp, (*marrón*) 22 mp [36].
Con negro, borden la boca entre las vueltas 7 y 8.
13v: (*marrón*) 5 mp, 1 aum, 1 mp, 1 aum, (*crema*) (1 mp, 1 aum) repitan 3 veces, (*marrón*) 1 mp, 1 aum, 20 mp [42].
14v-15v: (*marrón*) 10 mp, (*crema*) 9 mp, (*marrón*) 23 mp [42].
16v: (*marrón*) 7 mp, 1 aum, 2 mp, (*crema*) (1 aum, 2 mp) repitan 3 veces, ½ aum, (*marrón*) ½ aum, 2 mp, 1 aum, 19 mp [48].
17v: (*marrón*) 11 mp, (*crema*) 13 mp, (*marrón*) 24 mp [48].

18v: (*marrón*) 7 mp, 1 aum, 3 mp, (*crema*) (1 aum, 3 mp) repitan 3 veces, 1 aum (*marrón*) 3 mp, 1 aum, 20 mp [54].
19v-24v: (*marrón*) 12 mp, (*crema*) 17 mp, (*marrón*) 25 mp [54].
25v: (*marrón*) 13 mp, (*crema*) 15 mp, (*marrón*) 26 mp [54].
26v: (*marrón*) 14 mp, (*crema*) 13 mp, (*marrón*) 27 mp [54].
27v: (*marrón*) 15 mp, (*crema*) 11 mp, (*marrón*) 28 mp [54].
28v: (*marrón*) 16 mp, (*crema*) 9 mp, (*marrón*) 29 mp [54].
Cambien a marrón.
29v: 1 mp en cada uno de los 54 mp [54].
Coloquen los ojos de seguridad entre las vueltas 21 y 22, a unos 4 p del parche de color crema. Cosan los cachetes bajo los ojos.
30v: (7 mp, 1 dism) repitan 6 veces [48].
31v: 1 mp en cada uno de los 48 mp [48].
32v: (6 mp, 1 dism) repitan 6 veces [42].
33v: (5 mp, 1 dism) repitan 6 veces [36].
34v: (4 mp, 1 dism) repitan 6 veces [30].
Rellenen.
35v: (3 mp, 1 dism) repitan 6 veces [24].
36v: (2 mp, 1 dism) repitan 6 veces [18].
37v: (1 mp, 1 dism) repitan 6 veces [12].
38v: 6 dism [6].
Corten dejando una hebra larga para cerrar los últimos 6 p. Con la aguja de tapicería, pasen por el centro de cada punto y ajusten hasta cerrar el agujero. Rematen.

CUERPO

(comiencen con marrón)
Al comenzar la cadena, dejen una hebra larga para coser el cuerpo a la cabeza. Tejan 27 cad. Asegúrense de que la cadena no esté torcida y unan ambos extremos con 1 p enano. Continúen trabajando en espiral.
1v-2v: 1 mp en cada uno de los 27 p [27].
3v: (8 mp, 1 aum) repitan 3 veces [30].
4v: 1 mp en cada uno de los 30 mp [30].
5v: (4 mp, 1 aum) repitan 6 veces [36].
6v-7v: 1 mp en cada uno de los 36 mp [36].
8v: (5 mp, 1 aum) repitan 6 veces [42].
9v-12v: 1 mp en cada uno de los 42 mp [42].
13v: (6 mp, 1 aum) repitan 6 veces [48].
14v-22v: 1 mp en cada uno de los 48 mp [48].

23v: (10 mp, 1 dism) repitan 4 veces [44].
24v-25v: 1 mp en cada uno de los 44 mp [44].
26v: (9 mp, 1 dism) repitan 4 veces [40].
27v: 1 mp en cada uno de los 40 mp [40].
No corten la hebra.

PATAS

Dividan el tejido marcando 4 p para el espacio central delantero entre las patas, 4 p para el espacio trasero y 16 p para cada extremidad (acá es muy útil el marcador de puntos). Unan con 1 mp el último punto para la pata en la parte trasera con el primer punto en la parte delantera (contará como el primer medio punto de la primera vuelta). Así, los puntos para la primera pata estarán unidos para seguir tejiendo en vueltas. Continúen tejiendo:
28v-47v: 1 mp en cada uno de los 16 mp [16].
Cambien a crema.
48v-49v: 1 mp en cada uno de los 16 mp [16].
Cambien a gris grafito.
50v-52v: 1 mp en cada uno de los 16 mp [16].
Rellenen firmemente el cuerpo y la primera pata. No coloquen demasiado relleno al final de la pata, así podrán trabajar las pezuñas con comodidad. Asegúrense de que su aguja esté en el centro de lo que va a ser la pezuña. Si es necesario, hagan o deshagan algunos medios puntos para corregir la posición. Salten 8 p y unan al noveno de la vuelta anterior haciendo 1 mp. Este medio punto será el primero de la siguiente vuelta.
53v-54v: 1 mp en cada uno de los 8 mp [8].
Rellenen un poquito el dedo.
55v: 4 dism [4].
Corten dejando una hebra larga para cerrar los últimos 4 p. Con la aguja de tapicería, pasen por el centro de cada punto y ajusten hasta cerrar el agujero. Rematen.
Con gris grafito, retomen en el primer punto siguiente al lado del primer dedo y repitan las vueltas 53 a 55 para hacer el segundo dedo de la pezuña.

SEGUNDA PATA

Con marrón, retomen en el quinto punto sin tejer de la espalda en la vuelta 27, dejando una hebra de inicio larga para cerrar la entrepierna. Desde este punto, comiencen a tejer la segunda pata.

28v: 1 mp en cada uno de los 16 mp. Al llegar al punto 16, unan con 1 mp al primer punto de la vuelta (el que se hizo al retomar el tejido) [16].

29v-55v: Repitan el patrón de la primera pata. Terminen de rellenar el cuerpo y la segunda pata. Con una aguja de tapicería, cierren la separación entre las patas cosiendo los 4 p centrales con la hebra larga que dejaron al retomar el tejido. Cosan el cuerpo entre las vueltas 21 y 29 de la cabeza.

BRAZOS

(hagan 2, comiencen con gris grafito)
1v: Tejan un anillo de 6 mp [6].
2v: 1 aum en cada uno de los 6 mp [12].
3v-7v: 1 mp en cada uno de los 12 mp [12].
Cambien a marrón.
8v-26v: 1 mp en cada uno de los 12 mp [12].
27v: (1 mp, 1 dism) repitan 4 veces [8].

Corten dejando una hebra larga para coser. Rellenen y cósanlos entre las vueltas 3 y 4 del cuerpo.

CUERNOS

(hagan 2, con crema)
1v: Tejan un anillo de 6 mp [6].
2v: 1 mp en cada uno de los 6 mp [6].
3v: 2 aum, 4 mp [8].
4v: 1 mp en cada uno de los 8 mp [8].
5v: (1 mp, 1 aum) repitan 2 veces, 4 mp [10].
6v: 1 mp en cada uno de los 10 mp [10].
7v: 2 mp, 1 aum, 1 mp, 1 aum, 5 mp [12].
8v: 1 dism, 2 mp, 1 aum, 1 mp, 1 aum, 3 mp, 1 dism [12].
9v: 1 mp en cada uno de los 12 mp [12].
Corten dejando una hebra larga para coser. Rellenen un poquito. Cosan los cuernos a la cabeza, entre las vueltas 26 y 30, al lado del parche crema.

OREJAS

(hagan 2, con marrón)
1v: Tejan un anillo de 6 mp [6].
2v: 1 aum en cada uno de los 6 mp [12].
3v: 1 mp en cada uno de los 12 mp [12].
4v: (3 mp, 1 aum) repitan 3 veces [15].
5v: 1 mp en cada uno de los 15 mp [15].
6v: (4 mp, 1 aum) repitan 3 veces [18].
7v: 1 mp en cada uno de los 18 mp [18].
8v: (5 mp, 1 aum) repitan 3 veces [21].
9v: 1 mp en cada uno de los 21 mp [21].
10v: (6 mp, 1 aum) repitan 3 veces [24].
11v: 1 mp en cada uno de los 24 mp [24].
12v: (7 mp, 1 aum) repitan 3 veces [27].
13v-16v: 1 mp en cada uno de los 27 mp [27].
17v: (7 mp, 1 dism) repitan 3 veces [24].
18v: (2 mp, 1 dism) repitan 6 veces [18].
19v: 1 mp en cada uno de los 18 mp [18].
20v: (4 mp, 1 dism) repitan 3 veces [15].
21v-22v: 1 mp en cada uno de los 15 mp [15].
Corten dejando una hebra larga para coser.

INTERIOR DE LAS OREJAS
(hagan 2, con rosa pastel)
Tejan 11 cad. Tejan en ambos lados de la cadena base.
1v: Comiencen en el segundo punto cadena desde la aguja,
1 aum, 8 mp, 3 mp en el último punto. Continúen en el otro
lado de la cadena base, 9 mp [22]. Corten dejando una
hebra larga para coser. Cosan el interior de la oreja rosa
en el centro de la oreja marrón. No las rellenen. Aplanen,
doblen y unan cosiendo los puntos de las 3 últimas
vueltas. Cosan las orejas a la cabeza, debajo
de los cuernos, entre las vueltas 26 y 29.

PELO

(con crema)

*Nota: Cada vez que tejo a Ramona Vaca le hago un
peinado distinto, así que pueden jugar y hacerle cuantas
hebras de pelo quieran. También es hermosa sin
flequillo.*

Inserten la aguja de crochet en la vuelta 23 de la cabeza,
en el parche de color crema, a unos 5 p de los puntos
marrones.

1h: (4 cad, comiencen en el segundo punto cadena desde
la aguja, 3 p enano, unan con 1 p enano al punto siguiente
en la cabeza) repitan 7 veces [7 hebras de pelo]. Giren la
cabeza y continúen trabajando en la vuelta 24 de la cabeza.
2h: (4 cad, comiencen en el segundo punto cadena desde
la aguja, 3 p enano, unan con 1 p enano al punto siguiente
en la cabeza) repitan 9 veces [9 hebras de pelo]. Giren
la cabeza y continúen trabajando en la vuelta 25 de la
cabeza.
3h: (4 cad, comiencen en el segundo punto cadena desde
la aguja, 3 p enano, unan con 1 p enano al punto siguiente
en la cabeza) repitan 9 veces [9 hebras de pelo]. Giren la
cabeza y continúen trabajando en la vuelta 26 de la cabeza.

4h: (4 cad, comiencen en el segundo punto cadena desde
la aguja, 3 p enano, unan con 1 p enano al punto siguiente
en la cabeza) repitan 7 veces [7 hebras de pelo]. Giren
la cabeza y continúen trabajando en la vuelta 27 de la
cabeza.

5h: (4 cad, comiencen en el segundo punto cadena desde la aguja, 3 p enano, unan con 1 p enano al punto siguiente en la cabeza) repitan 7 veces [7 hebras de pelo].
Corten la hebra y rematen.

MONO (*JUMPSUIT*)

El mono está formado por 2 rectángulos tejidos que se unen cosiendo.

RECTÁNGULO
(hagan 2, con menta pastel)
Tejan 33 cad. Tejan en hileras, ida y vuelta.
1h: Comiencen en el segundo punto cadena desde la aguja, 8 p enano, 18 pmvd, 6 p enano, 1 cad y giren [32].
2h: Tejan tomando solo la hebra trasera, 6 p enano, 18 pmvd, 8 p enano, 1 cad y giren [32].
3h: Tejan tomando solo la hebra trasera, 8 p enano, 18 pmvd, 6 p enano, 1 cad y giren [32].
4h-27h: Repitan las hileras 2 y 3.
Corten dejando una hebra larga para coser. Doblen el primer rectángulo longitudinalmente a la mitad, con el derecho hacia fuera. Con una aguja de tapicería y la hebra de hilo que dejaron para coser, cosan la sección de los 6 p enano de las hileras 1 a 27 para crear la abertura de la primera pata del mono. Hagan lo mismo con el segundo rectángulo. Luego, junten y alineen el borde abierto de ambos rectángulos. Unan cosiendo los 18 pmvd (para el cuerpo del mono) y continúen cosiendo los 8 p enano (para la cintura). Hagan lo mismo con el otro lado abierto.

Nota: Pueden cambiar el orden de la costura y comenzar por la parte de arriba, bajar por el cuerpo o tiro del mono y terminar con la abertura de las patas. Yo usé el punto de colchonero o mattress stitch para coser, pero pueden usar cualquier técnica de costura que conozcan.

TIRANTES
(hagan 2, con menta pastel)
Tejan 27 cad. Tejan en hileras, ida y vuelta.
Al comenzar la cadena, dejen una hebra larga para coser los tirantes al mono. Tejan 27 cad. Tejan en hileras, ida y vuelta.
1h: Comiencen en el segundo punto cadena desde la aguja, 26 p enano, 1 cad y giren [26].

2h: Tejan tomando solo la hebra trasera, 26 p enano [26].
Pueden cortar la hebra y usar los tirantes así o hacer alguna de las siguientes terminaciones:

TERMINACIÓN A
(haciendo punto abanico)
Tejan 1 cad y giren. Tejan en hileras.
3h: 1 mp, (salten 1 p, 5 pv en el mismo punto, salten 1 p, 1 p enano) repitan 6 veces, 1 mp en el último punto.
Corten dejando una hebra larga para coserlo en el mono. Hagan lo mismo en el otro tirante.

TERMINACIÓN B
(haciendo volados, con hilo fino (*fingering/light sport*: 100 g/440 m) y aguja de crochet de 2,00 mm)
Retomen con el hilo fino en el primer punto del tirante. Tejan en hileras, en ida y vuelta.
3h: 26 aum, 2 cad y giren [52].
4h: (1 pmv, 1 aum) repitan 26 veces, 1 cad y giren [78].
5h: 1 p enano en cada uno de los 78 pmv [78].
Corten dejando una hebra larga para coserlo en el mono. Hagan lo mismo con el otro tirante.
Cosan los tirantes al frente y en la espalda del mono, justo donde comienza la cintura.

CÁRDIGAN

El cárdigan está hecho con 2 hexágonos tejidos que se doblan y se unen cosiendo o tejiendo (incluyo ambas opciones).

Nota: Las 3 cad al comienzo cuentan como 1 pv.
Las 2 cad al comienzo cuentan como 1 pmv.

Nota: Tejan uniendo vueltas.

HEXÁGONOS
(hagan 2, comiencen con amarillo cúrcuma)
1v: Comiencen en un anillo: 3 cad, 2 pv, 1 cad, (3 pv, 1 cad) repitan 5 veces, unan con 1 p enano a la tercera cadena del comienzo [18 + 6 cad].
Cambien a crudo.
2v: 3 cad, 2 pv, 2 pv + 2 cad + 2 pv en el espacio de 1 p cad, (3 pv, 2 pv + 2 cad + 2 pv en el espacio de 1 p cad) repitan 5 veces, unan con 1 p enano a la tercera cadena del comienzo [42 + 12 cad]. Cambien a amarillo cúrcuma.
3v: 3 cad, 4 pv, 2 pv + 2 cad + 2 pv en el espacio de 2 p cad, (7 pv, 2 pv + 2 cad + 2 pv en el espacio de 2 p cad) repitan 5 veces, 2 pv, unan con 1 p enano a la tercera cadena del comienzo [66 + 12 cad].

Nota: No se preocupen si comienzan a notar pliegues. Son el resultado de la gran cantidad de puntos que van a formar las mangas del cárdigan.

Cambien a crudo.
4v: 3 cad, 6 pv, 2 pv + 2 cad + 2 pv en el espacio de 2 p cad, (11 pv, 2 pv + 2 cad + 2 pv en el espacio de 2 p cad) repitan 5 veces, 4 pv, unan con 1 p enano a la tercera cadena del comienzo [90 + 12 cad].
Cambien a amarillo cúrcuma. La próxima vuelta se teje haciendo pmv.
5v: 2 cad, 8 pmv, 2 pmv + 2 cad + 2 pmv en el espacio de 2 p cad, (15 pmv, 2 pv + 2 cad + 2 pmv en el espacio de 2 p cad) repitan 5 veces, 6 pmv, unan con 1 p enano a la tercera cadena del comienzo [114 + 12 cad]. Corten la hebra y rematen.

ARMADO
Doblen un hexágono por la mitad y unan sus puntas con un marcador de puntos. Una vez doblado, el tejido tendrá la forma de una L. Hagan lo mismo con el otro hexágono. Alineen el lado recto de los hexágonos como se muestra en las imágenes. Unan ambas partes, ya sea con la aguja de crochet utilizando la técnica de costura en punto enano plano, o cosiéndolos con la aguja de tapicería, utilizando el punto de colchonero.
Marquen 16 p para cada hombro y únanlos cosiendo.

TERMINACIÓN
(con rosa pálido)
Con el derecho mirando hacia ustedes, retomen insertando la aguja de fuera hacia dentro, al comienzo del lado izquierdo del cuello.

Nota: El número total de puntos puede variar en estas vueltas, según si unieron las piezas del cárdigan cosiendo con la aguja de tapicería o haciendo puntos con la aguja de crochet.

1v: 4 p enano, 2 mp en el espacio de 2 p cad, 19/20 mp, 2 mp en el espacio de 2 p cad, 42/43 mp, 2 mp en el espacio de 2 p cad, 20 mp, 2 mp en el espacio de 2 p cad, 17/18 p enano [114 aprox.].
2v: Tejer tomando solo la hebra trasera, 114 p enano [114].
Corten la hebra y rematen.

PUÑOS DE LAS MANGAS
(con rosa pálido)
Retomen en un punto central en la parte inferior de la manga.

Nota: El número total de puntos puede variar en estas vueltas, según si unieron las piezas del cárdigan cosiendo con la aguja de tapicería o haciendo puntos con la aguja de crochet.

1v: 1 mp en cada uno de los p [22/23].
2v: Tejer tomando solo la hebra trasera, 1 p enano en cada uno de los p [22/23].
Corten la hebra y rematen. Hagan lo mismo en el otro puño de la manga.

Peggy Hipopótama

Peggy es diseñadora de vestuario. Crea la ropa y los accesorios que usan los actores de cine, televisión y teatro. De pequeña, su sueño era trabajar en dramas de época, con imponentes vestidos y sombreros. Pero por casualidad consiguió un trabajo en largometrajes y series de ciencia ficción en un importante estudio de Hollywood (dejo la historia para otro momento) y allí encontró la razón para despertarse cada mañana sonriendo como una hipopótama: imaginar cómo se vestirían seres de otros universos y tiempos, cómo se adaptarían a los diferentes entornos y qué significarían sus atuendos en diversos mundos. Peggy sabe que tiene un trabajo superimportante, porque el vestuario identifica tanto al personaje como al actor que lo interpreta. ¿Imaginan a Indiana Jones sin su sombrero, o a Leia Organa sin su vestido y peinado?

NIVEL: ***

Tamaño:
32 cm (orejas incluidas)

Materiales:
– Hilo de algodón mediano
(*worsted*: 100 g/170 m) en:
 · visón
 · rosa pastel
 · crudo
 · amarillo
 · crema
 · menta pastel
– Opcional: Hilo de algodón fino
(*fingering/light sport*:
100 g/440 m) en:
 · amarillo
– Aguja de crochet de 2,75 mm (C-2)
– Opcional: Aguja de crochet de
2,00 mm (B-1)
– Ojos plásticos de seguridad
(10 mm)
– Vellón siliconado
– Aguja de tapicería

Conocimientos necesarios: *anillo mágico (página 32), tejer a ambos lados de la cadena base (página 34), cambiar de color al inicio de la vuelta (página 35), dividir el cuerpo en dos partes (página 47), tejer Jacquard siguiendo un diagrama (página 36), punto media vareta deslizado (página 26), punto cangrejo (página 30), punto de colchonero (página 100), unir partes (página 39), bordar (página 38).*

Nota: Usen siempre la aguja 2,75 mm, a menos que se indique lo contrario.

CABEZA

(con visón)

Tejan 8 cad. Tejan en ambos lados de la cadena base.

1v: Comiencen en el segundo punto cadena desde la aguja, 1 aum, 5 mp, 4 mp en el último punto. Continúen en el otro lado de la cadena base, 5 mp, 1 aum [18].

2v: 2 aum, 5 mp, 4 aum, 5 mp, 2 aum [26].

3v: (1 mp, 1 aum) repitan 2 veces, 6 mp, (1 aum, 1 mp) repitan 3 veces, 1 aum, 6 mp, 1 aum, 1 mp, 1 aum [34].

4v: (2 mp, 1 aum) repitan 2 veces, 7 mp, (1 aum, 2 mp) repitan 3 veces, 1 aum, 7 mp, 1 aum, 2 mp, 1 aum [42].

5v-7v: 1 mp en cada uno de los 42 mp [42].

Nota: En la vuelta 8 se tejen las fosas nasales de la hipopótama. Chequeen que estén alineadas en el centro y corrijan la posición si es necesario.

8v: 6 mp, 1 p mota, 8 mp, 1 p mota, 26 mp [42].

9v-15v: 1 mp en cada uno de los 42 mp [42].

16v: (1 aum, 2 mp) repitan 7 veces, 1 aum, 20 mp [50].

17v: 1 mp en cada uno de los 50 mp [50].

18v: 8 mp, (1 aum, 1 mp) repitan 7 veces, 1 aum, 27 mp [58].

19v-30v: 1 mp en cada uno de los 58 mp [58].

31v: (1 dism, 10 mp) repitan 3 veces, 1 dism, 20 mp [54].

32v: 1 mp en cada uno de los 54 mp [54]. Coloquen los ojos de seguridad entre las vueltas 22 y 23, con un espacio de unos 24 p entre sí. Con rosa pastel, borden los cachetes bajo los ojos.

33v: (7 mp, 1 dism) repitan 6 veces [48].

34v: (6 mp, 1 dism) repitan 6 veces [42].

35v: (5 mp, 1 dism) repitan 6 veces [36].

36v: (4 mp, 1 dism) repitan 6 veces [30]. Rellenen.

37v: (3 mp, 1 dism) repitan 6 veces [24].

38v: (2 mp, 1 dism) repitan 6 veces [18].

39v: (1 mp, 1 dism) repitan 6 veces [12].

40v: 6 dism [6].

Corten dejando una hebra larga para cerrar los últimos 6 p. Con la aguja de tapicería, pasen por medio de cada punto y ajusten hasta cerrar el agujero. Rematen.

CUERPO

(comiencen con visón)

Al comenzar la cadena, dejen una hebra larga para coser el cuerpo a la cabeza. Tejan 30 cad. Asegúrense de que la cadena no esté torcida y unan ambos extremos con 1 p enano. Continúen trabajando en espiral.

1v-2v: 1 mp en cada uno de los 30 p [30].

A partir de la siguiente vuelta, tejan alternando colores (crudo y amarillo). El color se indica antes entre paréntesis.

Nota: *En las próximas vueltas, a veces leerán "½ aum". En estos casos, trabajen el primer punto del aumento en un color y el segundo en otro.*

3v: ((*amarillo*) 4 mp, ½ aum, (*crudo*) ½ aum) repitan 6 veces [36].

4v: (*crudo*) 1 mp, ((*amarillo*) 3 mp, (*crudo*) 3 mp) repitan 5 veces, (*amarillo*) 3 mp, (*crudo*) 2 mp [36].

5v: (*crudo*) (5 mp, 1 aum) repitan 6 veces [42].

6v: ((*crudo*) 4 mp, (*amarillo*) 3 mp) repitan 6 veces [42].

7v: (*crudo*) 3 mp, ((*amarillo*) 5 mp, (*crudo*) 2 mp) repitan 5 veces, (*amarillo*) 4 mp [42].

8v: (*amarillo*) 1 mp, ((*crudo*) 2 mp, (*amarillo*) 5 mp) repitan 5 veces, (*crudo*) 2 mp, (*amarillo*) 4 mp [42].

9v: (*amarillo*) 1 mp, (*crudo*) 1 mp, 1 aum, ((*amarillo*) 5 mp, (*crudo*) 1 mp, 1 aum) repitan 5 veces, (*amarillo*) 4 mp [48].

10v: (*amarillo*) 1 mp, (*crudo*) 4 mp, ((*amarillo*) 3 mp, (*crudo*) 5 mp) repitan 5 veces, (*amarillo*) 3 mp [48].

11v: (*crudo*) 1 mp en cada uno de los 48 mp [48].

12v: (*crudo*) 1 mp, ((*amarillo*) 3 mp, (*crudo*) 5 mp) repitan 5 veces, (*amarillo*) 3 mp, (*crudo*) 4 mp [48].

13v: ((*amarillo*) 5 mp, (*crudo*) 1 mp, 1 aum, 1 mp) repitan 5 veces, (*amarillo*) 5 mp, (*crudo*) 1 mp, 1 aum, 1 mp [54].

14v-15v: ((amarillo) 5 mp, (crudo) 4 mp) repitan 6 veces [54].

16v: (*crudo*) 1 mp, ((*amarillo*) 3 mp, (*crudo*) 6 mp) repitan 5 veces, (*amarillo*) 3 mp, (*crudo*) 5 mp [54].

17v: (*crudo*) (8 mp, 1 aum) repitan 6 veces [60]. Cambien a visón.

18v: Tejan tomando solo la hebra trasera, 1 mp en cada uno de los 60 mp [60].

19v-26v: 1 mp en cada uno de los 60 mp [60].

27v: (8 mp, 1 dism) repitan 6 veces [54].

28v-31v: 1 mp en cada uno de los 54 mp [54].

32v: (7 mp, 1 dism) repitan 6 veces [48].

33v-36v: 1 mp en cada uno de los 48 mp [48]. No corten la hebra.

PATAS

Dividan el tejido marcando 4 p para el espacio central delantero entre las patas, 4 p para el espacio trasero y 20 p para cada extremidad (acá es muy útil el marcador de puntos). Unan con 1 mp el último punto para la pata en la parte trasera con el primer punto en la parte delantera (contará como el primer medio punto de la primera vuelta). Así, los puntos para la primera pata estarán unidos para seguir tejiendo en vueltas. Continúen tejiendo:

37v-46v: 1 mp en cada uno de los 20 mp [20]. Rellenen firmemente el cuerpo y la primera pata.
47v: (2 mp, 1 dism) repitan 5 veces [15].
48v: (1 mp, 1 dism) repitan 5 veces [10].
49v: 5 dism [5].

Corten dejando una hebra larga para cerrar los últimos 5 p. Con la aguja de tapicería, pasen por el centro de cada punto y ajusten hasta cerrar el agujero. Rematen.

SEGUNDA PATA

Con visón, retomen en el quinto punto sin tejer de la espalda en la vuelta 36, dejando una hebra de inicio larga para cerrar la entrepierna. Desde este punto, comiencen a tejer la segunda pata.
37v: 1 mp en cada uno de los 20 mp. Al llegar al punto 20, unan con 1 mp al primer punto de la vuelta (el que se hizo al retomar el tejido) [20].
38v-49v: Repitan el patrón de la primera pata. Terminen de rellenar el cuerpo y la segunda pata. Con una aguja de tapicería, cierren la separación entre las patas cosiendo los 4 p centrales con la hebra larga que dejaron al retomar el tejido. Cosan el cuerpo entre las vueltas 19 y 30 de la cabeza.

OREJAS

(hagan 2, con visón)
1v: Tejan un anillo de 6 mp [6].
2v: 1 aum en cada uno de los 6 mp [12].
3v: (1 mp, 1 aum) repitan 6 veces [18].
4v-10v: 1 mp en cada uno de los 18 mp [18].
Corten dejando una hebra larga para coser.

INTERIOR DE LAS OREJAS
(hagan 2, con rosa pastel)
1v: Tejan un anillo de 8 mp [8].
Corten dejando una hebra larga para coser. Cosan el interior de la oreja rosa en el centro de la oreja visón, entre las vueltas 5 y 8. Aplanen y doblen las orejas. Unan cosiendo los puntos de las 3 últimas vueltas. Cosan las orejas en la cabeza, entre las vueltas 28 y 32.

BRAZOS

(hagan 2, comiencen con visón)
1v: Tejan un anillo de 5 mp [5].
2v: 1 aum en cada uno de los 5 mp [10].
3v: (1 mp, 1 aum) repitan 5 veces [15].
4v-5v: 1 mp en cada uno de los 15 mp [15].
6v: 1 mp, 1 p mota, 13 mp [15].
7v-16v: 1 mp en cada uno de los 15 mp [15].
Cambien a crudo y continúen con un patrón a rayas, alternando 1 vuelta en amarillo con 2 en crudo.
17v-22v: 1 mp en cada uno de los 15 mp [15].
23v: (1 mp, 1 dism) repitan 5 veces [10].
Corten dejando una hebra larga para coser. Rellenen. Cosan los brazos entre las vueltas 3 y 4 del cuerpo.

PANTALÓN

El pantalón está hecho con 2 rectángulos tejidos que se unen cosiendo.

RECTÁNGULO
(hagan 2, con menta pastel)
Tejan 25 cad. Tejan en hileras, ida y vuelta.
1h: Comiencen en el segundo punto cadena desde la aguja, 6 p enano, 18 pmvd, 1 cad y giren [24].
2h: Tejan tomando solo la hebra trasera, 18 pmvd, 6 p enano, 1 cad y giren [24].
3h: Tejan tomando solo la hebra trasera, 6 p enano, 18 pmvd, 1 cad y giren [24].
4h-31h: Repitan las hileras 2 y 3.
Corten dejando una hebra larga para coser.

ARMADO
Alineen los extremos de los rectángulos como se muestra en las imágenes, con el derecho hacia fuera. Usando una aguja de tapicería, unan cosiendo los 18 p correspondientes al tiro del pantalón (por ahora, dejen la sección de 6 p enano en la parte inferior sin coser).

Nota: *Usé el punto colchonero o mattress stitch para coser, pero pueden utilizar cualquier técnica de costura.*

Volteen el trabajo, con el revés hacia fuera. Doblen el primer rectángulo a lo largo para cubrir la primera mitad. Con una aguja de tapicería, ahora cosan la sección de 6 p enano para crear la abertura de la primera pata del pantalón. Corten la hebra y rematen. Luego, doblen el segundo rectángulo a lo largo por la mitad y cosan los 18 p del tiro y los 6 p de la abertura de la segunda pierna. Corten la hebra y rematen.

CINTURA DEL PANTALÓN
(con menta pastel)

Retomen insertando la aguja en uno de los finales de hilera en la parte superior del pantalón.

1v: (29 mp insertando la aguja en los finales de hilera, 1 dism) repitan 2 veces [60].
2v-5v: 1 mp en cada uno de los 60 mp [60].
6v: 1 p enano en cada uno de los 60 mp [60].
Corten la hebra y rematen.

CÁRDIGAN

(con crema)

Tejan 44 cad. Tejan en hileras, ida y vuelta.

Nota: Las 2 cad al final de cada hilera son cad de giro y no cuentan como 1 pmv.

1h: Comiencen en el tercer p cad desde la aguja, 42 pmv, 2 cad y giren [42].
2h: 6 pmv, 1 aum, 9 cad, salten 7 p, 14 mp, 9 cad, salten 7 p, 1 aum, 6 pmv, 2 cad y giren [48].
3h: 1 pmv en cada uno de los 48 p, 2 cad y giren [48].
4h: (7 pmv, 1 aum) repitan 6 veces, 2 cad y giren [54].
5h-6h: 1 pmv en cada uno de los 54 pmv, 2 cad y giren [54].
7h: (8 pmv, 1 aum) repitan 6 veces, 2 cad y giren [60].
8h: 1 pmv en cada uno de los 60 pmv, 1 cad y giren [60].
Tejan una vuelta de medios puntos para hacer un borde alrededor del cárdigan: 59 mp, en la cintura, 3 mp en el último punto, alrededor de 12 mp en un lado del cárdigan, 3 mp en el siguiente punto (en la esquina del escote). Continúen en la línea del escote, 41 mp, 3 mp en el último punto, alrededor de 12 mp en el otro lado del cárdigan, 3 mp en el último punto. Corten la hebra y rematen.

MANGAS

Con el derecho del cárdigan mirando hacia fuera, inserten la aguja de crochet en un punto del lado inferior de la sisa y retomen con color crema. Tejan 2 cad.

1v: 9 pmv, 2 pmv en el del costado de la sisa, 7 pmv, 2 pmv en el otro costado de la sisa [20].
2v: 1 pmv en cada uno de los 20 pmv [20].
3v: (1 pmv, 1 aum) repitan 10 veces [30].
4v-6v: 1 pmv en cada uno de los 30 pmv [30].
7v: (1 pmv, 1 dism) repitan 10 veces [20].
8v: 1 pmv en cada uno de los 20 pmv [20].
9v: Tejan 1 cad, 1 p cangrejo en cada uno de los 20 p [20].
Tejan 1 p enano en el siguiente punto. Corten la hebra y rematen. Tejan igual la otra manga.

RIBETE DE BOLITAS
(con hilo fino [*fingering/light sport*: 100 g/440 m] y aguja de crochet de 2 mm, con amarillo)

Sosteniendo el cárdigan boca abajo, con el derecho hacia arriba, retomen en la esquina inferior derecha.

Primera bolita: Tejan 5 cad, 1 p mota de 4 pv en la tercera cad desde la aguja, 3 cad, 1 p mota de 4 pv en la tercera cad desde la aguja. Unan los 2 p mota con 1 p enano en la tercera cad de la cadena de inicio. Tejan 2 cad, 1 p enano en el primer punto donde inician las primeras 5 cad. No corten la hebra y continúen tejiendo las siguientes bolitas.

Siguientes bolitas: (5 cad, 1 p mota de 4 pv en la tercera cad desde la aguja, 3 cad, 1 p mota de 4 pv en la tercera cad desde la aguja. Unan los 2 p mota haciendo 1 p enano en la tercera cad de la cadena de inicio. Tejan 2 cad, salten 2 p, 1 p enano) repitan hasta el final de la hilera [22 bolitas aprox.]. Corten la hebra y rematen.

Mabel Erizo

Mabel es maestra de jardín de infantes. Puede que la vean vistiéndose como un hada (tiene suerte de tener a Peggy Hippo como amiga), cantando y sonriendo todo el día. Y podrían pensar: "¡Ay! ¡Qué trabajo tan fácil y divertido tiene!". Y en parte es cierto, es superdivertido, pero no es nada fácil. Ser maestra de pequeñas criaturas es uno de los trabajos más importantes del mundo: no solo tiene que ayudarlas a comprender el significado de los números y las letras, sino que también tiene la difícil tarea de enseñarles habilidades sociales, como turnarse, conversar respetuosamente con compañeros, conocer y manejar sus emociones. Mabel también es una excelente jugadora de dardos. Comenzó a jugar con su amigo Angus Ardilla hace un par de años y muy rápido ingresó en la liga de jugadores profesionales de dardos. Es otra excelente manera de practicar el manejo de las emociones.

NIVEL: ★★★

Tamaño:
20 cm (pelo incluido)

Materiales:
– Hilo de algodón mediano (*worsted*: 100 g/170 m) en:
  · oliva
  · crema
  · verde azulado
  · menta pastel
  · rosa pastel
  · negro
  · amarillo mostaza
  · rosa pálido
– Aguja de crochet de 2,75 mm (C-2)
– Ojos plásticos de seguridad (8 mm)
– Vellón siliconado
– Aguja de tapicería

Conocimientos necesarios:
anillo mágico (página 32), cambiar de color al inicio de la vuelta (página 35), cambiar de color en el medio de la vuelta (página 35), dividir el cuerpo en dos partes (página 47), bordar (página 38), unir partes (página 39), tejer Jacquard siguiendo un diagrama (página 36).

Nota: La cabeza y el cuerpo están tejidos en una sola pieza.

CACHETES

(hagan 2, con rosa pastel)
1v: Tejan un anillo de 8 mp [8]. Corten dejando una hebra larga para coser.

HOCICO

(con crema)
1v: Tejan un anillo de 5 mp [5].
2v: 1 aum en cada uno de los 5 mp [10].
3v-5v: 1 mp en cada uno de los 10 mp [10].
6v: (4 mp, 1 aum) repitan 2 veces [12].
Corten dejando una hebra larga para coser. Con negro, borden la nariz y la boca.

CABEZA Y CUERPO

(comiencen con oliva)
1v: Tejan un anillo de 6 mp [6].
2v: 1 aum en cada uno de los 6 mp [12].
3v: (1 mp, 1 aum) repitan 6 veces [18].
4v: (2 mp, 1 aum) repitan 6 veces [24].
5v: (3 mp, 1 aum) repitan 6 veces [30].
6v: (4 mp, 1 aum) repitan 6 veces [36].
7v: (5 mp, 1 aum) repitan 6 veces [42].
8v: (6 mp, 1 aum) repitan 6 veces [48].
9v: (7 mp, 1 aum) repitan 6 veces [54].
10v: (8 mp, 1 aum) repitan 6 veces [60].
A partir de la siguiente vuelta, tejan alternando colores (oliva y crema). El color se indica antes entre paréntesis.
11v: (*oliva*) 21 mp, (*crema*) 18 mp, (*oliva*) 21 mp [60].
12v: (*oliva*) 20 mp, (*crema*) 20 mp, (*oliva*) 20 mp [60].
13v: (*oliva*) 19 mp, (*crema*) 22 mp, (*oliva*) 19 mp [60].

14v-20v: (*oliva*) 18 mp, (*crema*) 24 mp, (*oliva*) 18 mp [60].
Cosan el hocico entre las vueltas 14 y 18, en el centro del parche de color crema. Rellenen el hocico antes de terminar de coser. Coloquen los ojos entre las vueltas 16 y 17, a 3 mp de distancia del hocico. Cosan los cachetes bajo los ojos.
Continúen en patrón Jacquard, alternando menta pastel con verde azulado, según el diagrama.
21v-32v: 1 mp en cada uno de los 60 mp [60].
A partir de la siguiente vuelta, tejan alternando colores (oliva y crema). El color se indica antes entre paréntesis.

Nota: En las próximas vueltas, trabajarán el parche de color crema para la panza. Si no se alineara bien con el parche crema para la cara, tejan o destejan algunos medios puntos con oliva hasta llegar a allí.

33v: Tejan tomando solo la hebra trasera, (*oliva*) 24 mp, (*crema*) 15 mp, (*oliva*) 21 mp [60].
34v: (*oliva*) 24 mp, (*crema*) 15 mp, (*oliva*) 21 mp [60].
35v: (*oliva*) 25 mp, (*crema*) 13 mp, (*oliva*) 22 mp [60].
Continúen con color oliva.
36v-37v: 1 mp en cada uno de los 60 mp [60].
38v: (8 mp, 1 dism) repitan 6 veces [54].
39v: (7 mp, 1 dism) repitan 6 veces [48].
40v: (6 mp, 1 dism) repitan 6 veces [42].
41v: 1 mp en cada uno de los 42 mp [42].
No corten la hebra.

PATAS

Dividan el tejido marcando 6 p para el espacio central delantero entre las patas, 6 p para el espacio trasero y 15 p para cada extremidad (acá es muy útil el marcador de puntos). Si las patas no quedaran bien alineadas con la cabeza, tejan o destejan algunos medios puntos hasta llegar a la posición deseada. Unan con 1 mp el último punto para la pata en la parte trasera con el primer punto en la parte delantera (contará como el primer medio punto de la primera vuelta). Así, los puntos para la primera pata estarán unidos para seguir tejiendo en vueltas. Continúen tejiendo:

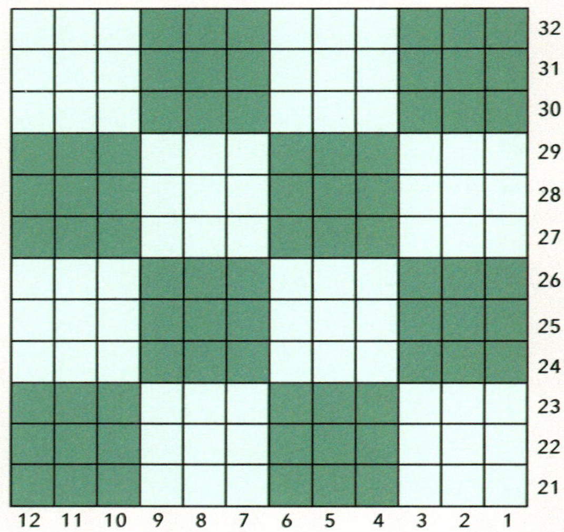

42v-43v: 1 mp en cada uno de los 15 mp [15].
44v: (3 mp, 1 dism) repitan 3 veces [12].
45v-47v: 1 mp en cada uno de los 12 mp [12].
48v: 6 dism [6].
Corten dejando una hebra larga para cerrar los últimos 6 p. Con la aguja de tapicería, pasen por el centro de cada punto y ajusten hasta cerrar el agujero. Rematen. Rellenen firmemente el torso y la primera pata.

SEGUNDA PATA

Con color oliva, retomen en el séptimo punto sin tejer de la espalda en la vuelta 41, dejando una hebra de inicio larga para cerrar la entrepierna. Desde este punto, comiencen a tejer la segunda pata.
42v: 1 mp en cada uno de los 15 mp. Al llegar al punto 15, unan con 1 mp al primer punto de la vuelta (el que se hizo al retomar el tejido) [15].
43v-48v: Repitan el patrón de la primera pata. Terminen de rellenar el cuerpo y la segunda pata. Con una aguja de tapicería, cierren la separación entre las patas cosiendo los 6 p centrales con la hebra larga que dejaron al retomar el tejido.

BRAZOS

(hagan 2, con oliva)

1v: Tejan un anillo de 6 mp [6].
2v: 1 mp en cada uno de los 6 mp [6].
3v: (2 mp, 1 aum) repitan 2 veces [8].
4v: 1 mp en cada uno de los 8 mp [8].
5v: (3 mp, 1 aum) repitan 2 veces [10].
6v-13v: 1 mp en cada uno de los 10 mp [10].
Corten dejando una hebra larga para coser.
Rellenen. Cosan los brazos entre las vueltas 22 y 23.

OREJAS

(hagan 2, con crema)

1v: Tejan un anillo de 8 mp [8].
2v-4v: 1 mp en cada uno de los 8 mp [8].
Corten dejando una hebra larga para coser. No las
rellenen, y aplánenlas antes de coserlas a la cabeza,
entre las vueltas 10 y 13, a unos 2 p del parche de
color crema.

PELO

(con oliva)

Inserten la aguja de crochet en la vuelta 20 del
cuerpo, justo al lado del parche de color crema del
rostro. Saquen una lazada de color oliva.
1h: (4 cad, comiencen en el segundo punto cadena
desde la aguja, 3 p enano, unan con 1 p enano al
punto siguiente de la cabeza) repitan en todos los
puntos color oliva alrededor del parche de color
crema del rostro. Cuando lleguen al lado inferior del
parche de color crema, volteen el trabajo y continúen
haciendo mechones de pelo en la otra dirección,
repitiendo la hilera 1 en todos los puntos oliva de
la cabeza.

FALDA

(comiencen con amarillo mostaza)

Tejan 56 cad. Asegúrense de que la cadena no esté torcida y unan ambos extremos con 1 p enano. Continúen trabajando en espiral:

1v: 1 mp en cada uno de los 56 p [56].
2v: (6 mp, 1 aum) repitan 8 veces [64].
3v: 1 mp en cada uno de los 64 mp [64].
4v: (7 mp, 1 aum) repitan 8 veces [72].
5v: 1 mp en cada uno de los 72 p [72].
6v: (8 mp, 1 aum) repitan 8 veces [80].
7v: 1 mp en cada uno de los 80 p [80].
Cambien a rosa pálido.
8v: (1 mp, salten 1 p, 5 pv en el siguiente p, salten 1 p) repitan 20 veces [120].
9v: 1 p enano en cada uno de los 120 p [120].
Corten la hebra y rematen.

CINTURA DE LA FALDA
(con amarillo mostaza)

Retomen en el primer punto de la vuelta 1.

1v: 1 mp en cada uno de los 56 p [56].
2v: 1 p enano en cada uno de los 56 mp [56].
Corten la hebra y rematen.

ALAS DE HADA

Botón

(comiencen con amarillo mostaza)

1v: Tejan un anillo de 6 mp [6].
Cambien a crema.
2v: 1 aum en cada uno de los 6 mp [12].
Continúen con un patrón a rayas, alternando 1 vuelta en color amarillo mostaza con 1 en crema.
3v: (1 mp, 1 aum) repitan 6 veces [18].
4v-5v: 1 mp en cada uno de los 18 mp [18].
6v: (1 mp, 1 dism) repitan 6 veces [12].
7v: 6 dism [6].
Corten dejando una hebra larga para coser. No lo rellenen. Con la aguja de tapicería, pasen por el centro de cada punto y ajusten hasta cerrar el agujero. Corten la hebra y rematen.

ALAS

(con menta pastel)

1v: Tejan un anillo de 5 mp [5].
2v: 1 aum en cada uno de los 5 mp [10].
3v: (1 mp, 1 aum) repitan 5 veces [15].
4v: (2 mp, 1 aum) repitan 5 veces [20].
5v-6v: 1 mp en cada uno de los 20 mp [20].
7v: (8 mp, 1 dism) repitan 2 veces [18].
8v-9v: 1 mp en cada uno de los 18 mp [18].
10v: (7 mp, 1 dism) repitan 2 veces [16].
11v-12v: 1 mp en cada uno de los 16 mp [16].

13v: (6 mp, 1 dism) repitan 2 veces [14].
14v-15v: 1 mp en cada uno de los 14 mp [14].
16v: (5 mp, 1 dism) repitan 2 veces [12].
17v-19v: 1 mp en cada uno de los 12 mp [12].
20v: 6 dism [6].
Corten dejando una hebra larga para coser. No es necesario que las rellenen. Con menta pastel, borden los detalles de las alas. Aplánenlas y cósanlas en la parte trasera del botón.

TIRANTES

(con rosa pálido)

Tejan 42 cad. Asegúrense de que la cadena no esté torcida y unan ambos extremos con 1 p enano. Tejan otras 42 cad y, asegurándose de que la cadena no esté torcida, inserten la aguja de crochet en el primer p cad para unir la segunda cadena base. Obtendrán así una figura en forma de 8.
1v: 1 p enano en cada uno de los 84 p cad, tejiendo alrededor de la doble cadena base [84]. Corten la hebra. Cosan las alas en el cruce de ambas cadenas base. Rematen.

Indiana Polilla

Indiana tiene uno de los mejores trabajos que existen: ¡es archivista! OK, lo sé, puede que no parezca tan interesante, y su especie no necesariamente es conocida por conservar cosas, pero, y quizá sea por esa razón, pasó años estudiando y especializándose en recopilar, organizar y mantener información y objetos valiosos. Y es una de las mejores en su campo. Indiana trabaja codo con codo con Gertrudis Dragona, la arqueóloga. Cuando Gertrudis encuentra un manuscrito muy antiguo, Indiana vuela al sitio y se asegura de que esté bien conservado, para que nunca se pierda, dañe u olvide. Indiana y Gertrudis se han vuelto tan amigas que están planeando juntas sus vacaciones de verano. Pero todavía no han decidido si embarcarse en una aventura en busca de tesoros o irse a la playa para relajarse.

NIVEL: ✶✶

Tamaño:
36 cm (antenas incluidas)

Materiales:
– Hilo de algodón mediano (*worsted*: 100 g/170 m) en:
· crema
· gris verdoso
· rosa pálido
· naranja terracota
· rosa pastel
· gris grafito
· negro
– Aguja de crochet de 2,75 mm (C-2)
– Ojos plásticos de seguridad (12 × 8 mm)
– Vellón siliconado
– Aguja de tapicería

Conocimientos necesarios:
anillo mágico (página 32), tejer a ambos lados de la cadena base (página 34), tejer Jacquard siguiendo un diagrama (página 36), punto espiga (página 29), unir partes (página 39), bordar (página 38).

Nota: La cabeza y el cuerpo están tejidos en una sola pieza.

CACHETES

(hagan 2, con rosa pastel)
1v: Tejan un anillo de 8 mp [8].
Corten dejando una hebra larga para coser.

CABEZA Y CUERPO

(comiencen con crema)
1v: Tejan un anillo de 6 mp [6].
2v: 1 aum en cada uno de los 6 mp [12].
3v: (1 mp, 1 aum) repitan 6 veces [18].
4v: (2 mp, 1 aum) repitan 6 veces [24].
5v: (3 mp, 1 aum) repitan 6 veces [30].
6v: (4 mp, 1 aum) repitan 6 veces [36].
7v: (5 mp, 1 aum) repitan 6 veces [42].
8v: (6 mp, 1 aum) repitan 6 veces [48].

9v-14v: 1 mp en cada uno de los 48 mp [48].
15v: (2 mp, 1 dism) repitan 12 veces [36].
16v: (4 mp, 1 dism) repitan 6 veces [30].
Con negro, borden la boca entre las vueltas 12 y 13, del lado opuesto al inicio de las vueltas. Coloquen los ojos entre las vueltas 11 y 12, a unos 2 p de la boca. Cosan las mejillas al costado de los ojos.
17v: 1 aum en cada uno de los 30 mp [60].
Rellenen la cabeza y continúen rellenando a medida que tejen.

Cambien a gris verdoso.

18v: (1 mp tomando solo la hebra trasera, 1 p espiga en el punto de la vuelta anterior) repitan 30 veces [60].
Cambien a crema.

19v: (1 p espiga en el punto de la vuelta anterior, 1 mp tomando solo la hebra trasera) repitan 30 veces [60].
Continúen con un patrón a rayas, alternando 1 vuelta en color gris verdoso con 1 en crema.

20v-25v: repitan las vueltas 18 y 19.
Cambien a rosa pastel. Rellenen la cabeza.

26v: (1 mp, 1 dism) repitan 20 veces [40].
Continúen con un patrón Jacquard siguiendo el diagrama, alternando rosa pastel, rosa pálido, naranja terracota y gris verdoso.

27v-42v: 1 mp en cada uno de los 40 mp [40].
Continúen con un patrón a rayas, alternando 1 vuelta en color crema con 1 vuelta en gris verdoso.

43v: (8 mp, 1 dism) repitan 4 veces [36].

44v: 1 mp en cada uno de los 36 mp [36].

45v: (4 mp, 1 dism) repitan 6 veces [30].

46v: 1 mp en cada uno de los 30 mp [30].

47v: (3 mp, 1 dism) repitan 6 veces [24].

48v: 1 mp en cada uno de los 24 mp [24].

49v: (2 mp, 1 dism) repitan 6 veces [18].

50v: (1 mp, 1 dism) repitan 6 veces [12].
Continúen con color gris verdoso.Rellenen el cuerpo.

51v: 6 dism [6].
Corten dejando una hebra larga para cerrar los últimos 6 p. Con la aguja de tapicería, pasen por el centro de cada punto y ajusten hasta cerrar el agujero. Rematen.

BRAZOS

(hagan 2, con gris verdoso)

1v: Tejan un anillo de 7 mp [7].

2v-14v: 1 mp en cada uno de los 7 mp [7].
Corten dejando una hebra larga para coser. Rellenen muy poquito. Cósanlos entre las vueltas 26 y 27.

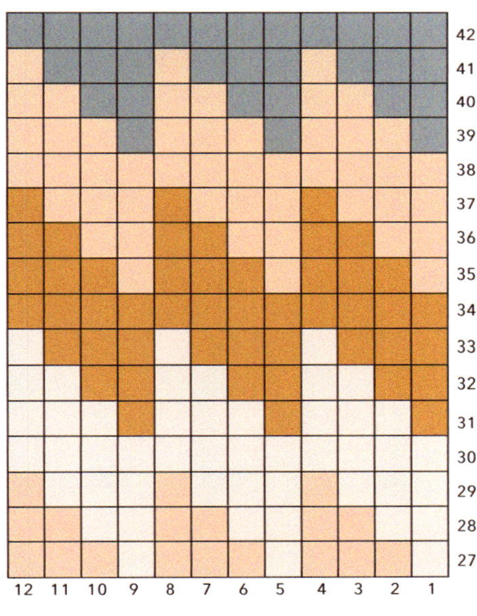

PATAS

(hagan 2, con gris verdoso)

1v: Tejan un anillo de 7 mp [7].
2v-22v: 1 mp en cada uno de los 7 mp [7].
Corten dejando una hebra larga para
coser. Rellenen muy poquito. Cósanlas
entre las vueltas 41 y 42.

BOTAS

(hagan 2, con gris grafito)

Tejan 6 cad. Tejan en ambos lados
de la cadena base.
1v: Comiencen en el segundo punto cadena
desde la aguja, 1 aum, 3 mp, 4 mp en último
p cad. Continúen sobre el otro lado de la
cadena base, 3 mp, 1 aum [14].
2v: 2 aum, 4 mp, 3 aum, 4 mp, 1 aum [20].

3v: Tejan tomando solo la hebra trasera, 9 mp, 2 dism, 7 mp [18].

4v: 6 mp, 4 dism, 4 mp [14].

5v: 6 mp, 2 dism, 4 mp [12].

6v-7v: 1 mp en cada uno de los 12 mp [12].

8v: 1 p enano en cada uno de los 12 mp [12].

Corten la hebra y rematen. Con color gris grafito, retomen en el primer punto delantero de la vuelta 3 y tejan 20 p enano solo tomando la hebra delantera. Corten la hebra y rematen.

ALAS

(hagan 2, comiencen con crema)
Dejen una hebra de inicio larga para luego coser las alas al cuerpo.

1v: Tejan un anillo de 6 mp [6].

2v: 1 aum en cada uno de los 6 mp [12].

3v: 1 mp en cada uno de los 12 mp [12].

4v: (2 mp, 1 aum) repitan 4 veces [16].

5v: 1 mp en cada uno de los 16 mp [16].

6v: (3 mp, 1 aum) repitan 4 veces [20].

7v: 1 mp en cada uno de los 20 mp [20].

8v: (4 mp, 1 aum) repitan 4 veces [24].

9v: 1 mp en cada uno de los 24 mp [24].

10v: (5 mp, 1 aum) repitan 4 veces [28].

11v: 1 mp en cada uno de los 28 mp [28].

12v: (6 mp, 1 aum) repitan 4 veces [32].

Continúen con un patrón Jacquard siguiendo el diagrama, alternando crema, rosa pastel y naranja terracota.

13v-20v: 1 mp en cada uno de los 32 mp [32].

Cambien a naranja terracota.

21v: 14 mp, 2 dism, 14 mp [30].

22v: 1 mp en cada uno de los 30 mp [30].

23v: 13 mp, 2 dism, 13 mp [28].

24v: 1 mp en cada uno de los 28 mp [28].

25v: 12 mp, 2 dism, 12 mp [26].

26v: 1 mp en cada uno de los 26 mp [26].

27v: 11 mp, 2 dism, 11 mp [24].

28v: 1 mp en cada uno de los 24 mp [24].

29v: (4 mp, 1 dism) repitan 4 veces [20].

30v: (3 mp, 1 dism) repitan 4 veces [16].

31v: (2 mp, 1 dism) repitan 4 veces [12].

32v: 6 dism [6].

Corten dejando una hebra larga para cerrar los últimos 6 p. No las rellenen. Con la aguja de tapicería, pasen por el centro de cada punto y ajusten hasta cerrar el agujero. Rematen.

Aplanen las alas antes de coserlas en la espalda de la polilla, entre las vueltas 20 y 24.

Con rosa pastel, hagan un pompón de 5 cm de diámetro y cósanlo entre las alas, entre las vueltas 20 y 22.

ANTENAS

(hagan 2, con gris verdoso)
1v: Tejan un anillo de 6 mp [6].

2v: 1 mp en cada uno de los 6 mp [6].

3v: (1 mp, 1 aum) repitan 3 veces [9].

4v-5v: 1 mp en cada uno de los 9 mp [9].

6v: (2 mp, 1 aum) repitan 3 veces [12].

7v-8v: 1 mp en cada uno de los 12 mp [12].

9v: (3 mp, 1 aum) repitan 3 veces [15].

10v-13v: 1 mp en cada uno de los 15 mp [15].

14v: (1 mp, 1 dism) repitan 5 veces [10].

15v: 1 mp en cada uno de los 10 mp [10].

16v: (3 mp, 1 dism) repitan 2 veces [8].

Corten dejando una hebra larga para coser. No las rellenen. Con color crema, borden los detalles de las antenas. Aplánenlas antes de coserlas a la cabeza entre las vueltas 3 y 6, aprox.

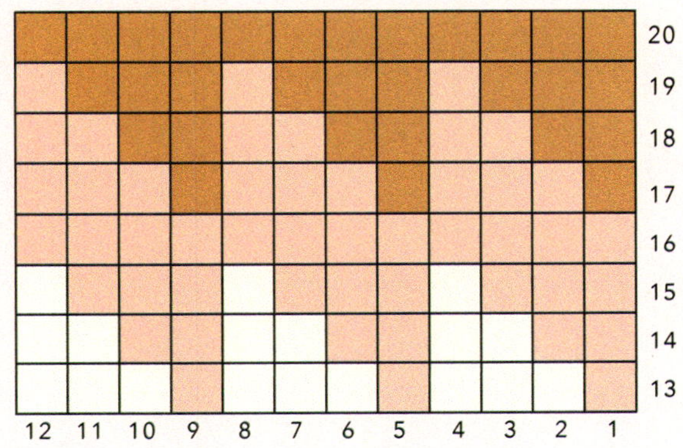

Alberto Gaviota

Todo el mundo quiere a Alberto. Si bien estamos de acuerdo en que las gaviotas no son las aves más perfectas del reino animal —demasiado ruidosas, no siempre están de buen humor y llevan una dieta un tanto controvertida (les encanta comer basura)—, todos pensamos que Alberto, a su manera, es perfecto. Es fotógrafo profesional, el mejor tomando instantáneas aéreas, y su obra se ha exhibido en galerías y museos del mundo entero. Alberto también era el mejor comiendo empanadas de cangrejo, pero eso cambió cuando conoció a Philip Langosta. A partir de ese momento, eliminó todos los crustáceos de su dieta y está intentando pasarse a comidas vegetarianas... Al menos cuando Philip está presente.

NIVEL: **

Tamaño:
Tamaño: 28 cm

Materiales:
– Hilo de algodón mediano (*worsted*: 100 g/170 m) en:
· crudo
· amarillo
· blanco
· azul francés
· gris ceniza
· gris grafito
· rosa pastel
· menta pastel
– Aguja de crochet de 2,75 mm (C-2)
– Opcional: Aguja de 3,25 mm (D-3)
– Ojos plásticos de seguridad (8 mm)
– Vellón siliconado
– Aguja de tapicería

Conocimientos necesarios:
anillo mágico (página 32), tejer a ambos lados de la cadena base para hacer la columna del muñeco (en el patrón), bordar (página 38), unir partes (página 39).

Nota: La cabeza y el cuerpo están tejidos en una sola pieza.

Nota: Usen siempre la aguja 2,75 mm, a menos que se indique lo contrario.

PICO

(con amarillo)
1v: Tejan un anillo de 6 mp [6].
2v: 1 aum en cada uno de los 6 mp [12].
3v-12v: 1 mp en cada uno de los 12 mp [12]. Corten dejando una hebra larga para coser. Rellenen un poquito.

CABEZA Y CUERPO

(comiencen con crudo)
1v: Tejan un anillo de 6 mp [6].
2v: 1 aum en cada uno de los 6 mp [12].
3v: (1 mp, 1 aum) repitan 6 veces [18].
4v: (2 mp, 1 aum) repitan 6 veces [24].

5v: (3 mp, 1 aum) repitan 6 veces [30].
6v: (4 mp, 1 aum) repitan 6 veces [36].
7v-19v: 1 mp en cada uno de los 36 mp [36].
Cambien a azul francés.
20v: 1 mp en cada uno de los 36 mp [36].
Cosan el pico entre las vueltas 15 y 19, del lado opuesto al inicio de las vueltas. Coloquen los ojos de seguridad entre las vueltas 15 y 16, a 3 p del pico. Con rosa pastel, borden las mejillas bajo los ojos.
Continúen con un patrón a rayas, alternando 2 vueltas en color blanco con 1 en azul francés.
21v-35v: 1 mp en cada uno de los 36 mp [36].
Cambien a crudo.
36v: Tejan tomando solo la hebra trasera, 1 mp en cada uno de los 36 mp [36].
37v: Ubiquen el punto central en la espalda del cuerpo de la gaviota. De no encontrarse en ese lugar, tejan o destejan hasta llegar a ese punto.

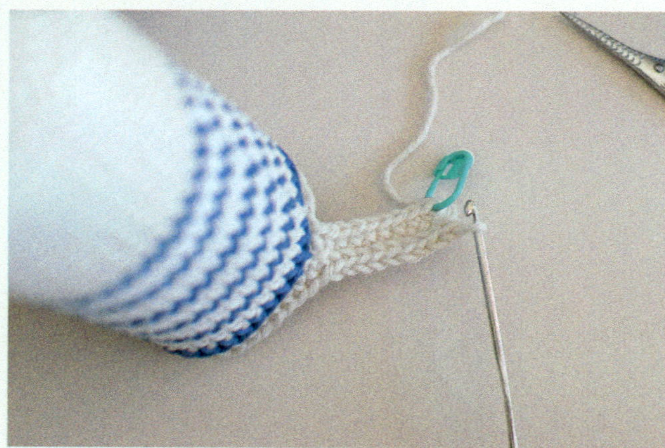

Luego, tejan 9 cad. Coloquen el marcador de puntos en el primer punto que tejan a continuación, ya que será el nuevo inicio de las vueltas (esta cadena base es la columna del muñeco, ha de quedar justo a la mitad). Insertando la aguja en el segundo punto desde la aguja, tejan sobre la cadena, 8 mp, 1 mp sobre el medio punto donde inicia la cadena base. Continúen sobre el cuerpo, 36 mp, continúen sobre el otro lado de la cadena, 7 mp, 1 aum [54].

38v: 2 aum, 50 mp, 2 aum [58].

39v: 3 aum, 53 mp, 2 aum [63].

40v-42v: 1 mp en cada uno de los 63 mp [63]. Rellenen la cabeza y el cuerpo y continúen rellenando a medida que tejan.

43v: 4 mp, 1 dism, 52 mp, 1 dism, 3 mp [61].

44v: 1 mp en cada uno de los 61 mp [61].

45v: 4 mp, 1 dism, 50 mp, 1 dism, 3 mp [59].

46v: 1 mp en cada uno de los 59 mp [59].

47v: 4 mp, 1 dism, 48 mp, 1 dism, 3 mp [57].

48v: 24 mp, 1 dism, 6 mp, 1 dism, 23 mp [55].

49v: 4 mp, 1 dism, 44 mp, 1 dism, 3 mp [53].

50v: 22 mp, 1 dism, 6 mp, 1 dism, 21 mp [51].

51v: 4 mp, 1 dism, 19 mp, 1 dism, 19 mp, 1 dism, 3 mp [48].

52v: (6 mp, 1 dism) repitan 6 veces [42].

53v: (5 mp, 1 dism) repitan 6 veces [36].

54v: (4 mp, 1 dism) repitan 6 veces [30].

55v: (3 mp, 1 dism) repitan 6 veces [24].

56v: (2 mp, 1 dism) repitan 6 veces [18].

57v: (1 mp, 1 dism) repitan 6 veces [12].

58v: 6 dism [6].

Corten dejando una hebra larga para cerrar los últimos 6 p. Rellenen un poco más si es necesario. Con la aguja de tapicería, pasen por el centro de cada punto y ajusten hasta cerrar el agujero. Rematen.

PATAS

(hagan 2, con amarillo)

Al comenzar la cadena, dejen una hebra larga
para coser las patas al cuerpo. Tejan 10 cad.
Asegúrense de que la cadena no esté torcida
y unan ambos extremos con 1 p enano. Sigan
trabajando en espiral.

1v-10v: 1 mp en cada uno de los 10 p [10].
Corten dejando una hebra larga para coser.
Rellenen.

*Nota: Asegúrense de rellenar bien las patas,
sin sobrecargarlas, pero lo suficiente para
que la gaviota pueda sostenerse en pie lo
mejor posible (pero recuerden que es un
muñeco tejido al crochet con aguja e hilo, así
que no se frustren si no se mantiene solo).*

PATAS PALMEADAS

(hagan 2, con amarillo)

1v: Tejan un anillo de 5 mp [5].
2v: 1 mp en cada uno de los 5 mp [5].
3v: 1 aum en cada uno de los 5 mp [10].
4v: 1 mp en cada uno de los 10 mp [10].
5v: (1 mp, 1 aum) repitan 5 veces [15].
6v: 1 mp en cada uno de los 15 mp [15].
7v: (2 mp, 1 aum) repitan 5 veces [20].
8v: 1 mp en cada uno de los 20 mp [20].
9v: (3 mp, 1 aum) repitan 5 veces [25].
10v-11v: 1 mp en cada uno de los 25 mp [25].
Corten dejando una hebra larga para coser.
No las rellenen. Aplánenlas y, con una aguja
de tapicería, cosan el extremo abierto de la
última vuelta. Cosan las patas palmeadas a las
patas y las patas al cuerpo, entre las vueltas
52 y 55.

ALAS

(hagan 2, con gris ceniza)

1v: Tejan un anillo de 6 mp [6].
2v: 1 aum en cada uno de los 6 mp [12].
3v: (1 mp, 1 aum) repitan 6 veces [18].
4v: (2 mp, 1 aum) repitan 6 veces [24].
5v: (3 mp, 1 aum) repitan 6 veces [30].
6v-8v: 1 mp en cada uno de los 30 mp [30].
Corten dejando una hebra larga para coser. No las
rellenen. Aplánenlas y cósanlas entre las vueltas 41
y 42.

COLA

(con gris grafito)

1v: Tejan un anillo de 8 mp [8].
2v-8v: 1 mp en cada uno de los 8 mp [8].
Corten dejando una hebra larga para coser. No
es necesario rellanarla. Aplánenla y cósanla en la
punta de la cola, centrada entre las vueltas 39 y 40.

GORRO

(con rosa pastel, aguja de crochet de 3,25 mm)

Nota: Pueden tejer el gorro con el mismo tamaño de aguja de crochet que usaron para el muñeco, pero puede quedar más apretado, por lo que deberán agregar algunas hileras más o aflojar la tensión.

Tejan 20 cad. Tejan en hileras, ida y vuelta.
1h: Comiencen en el tercer p cad desde la aguja, 18 pmv, 2 cad y giren [18].
2h-18h: Tejan tomando solo la hebra trasera, 1 pmv en cada uno de los 18 pmv, 2 cad y giren [18].
Corten dejando una hebra larga para coser. Obtendrán así un rectángulo de crochet. Con la aguja de tapicería y sosteniendo la hilera 1 y la hilera 18 juntas, cosan los extremos para formar un tubo. No corten la hebra. Con la misma hebra, cosan por el medio de cada final de hilera en la parte superior del tubo. Ajusten y terminen de cerrar el agujero cosiendo de un lado a otro. Den la vuelta al sombrero de dentro hacia fuera.
Con menta pastel, hagan un pompón de 3 cm y cósanlo en la punta del sombrero.

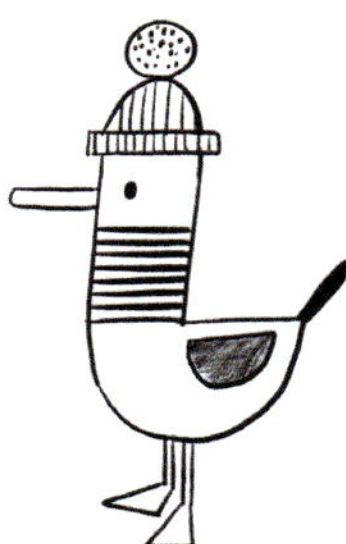

Astrid Ñandú

Astrid era la más curiosa y aventurera pequeña avestruz, pero también la más introvertida y asustadiza de las aves. Pasaba la mayor parte del tiempo viendo películas de aventuras, desde "Indiana Jones", "Los Goonies", "20.000 leguas de viaje submarino", "Las aventuras de Robin Hood" y películas de superhéroes y de ciencia ficción hasta las más empalagosas películas románticas. Se aprendió todas las líneas de memoria, estudió la iluminación, el encuadre, la composición y los movimientos de la cámara. Cuando fue lo suficientemente alta como para sostener una cámara, se lanzó a filmar sus primeros cortometrajes. Puede que ninguna de esas películas se convierta en un clásico, pero Astrid planea entrar en la Escuela de Cine, por lo que su trabajo mejorará con el tiempo y la experiencia. Hace poco descubrió el cine francés y no pone un pie en la calle sin su boina. Por cliché que parezca, la hace feliz. Y eso es lo que importa.

NIVEL: ✶✶

Tamaño:
40 cm

Materiales:
– Hilo de algodón mediano (*worsted*: 100 g/170 m) en:
· menta pastel
· verde azulado
· gris verdoso
· azul francés
· rosa pastel
· crudo
· amarillo
– Aguja de crochet de 2,75 mm (C-2)
– Ojos plásticos de seguridad (10 mm)
– Vellón siliconado
– Aguja de tapicería

Conocimientos necesarios:
anillo mágico (página 32), cambiar de color al inicio de vuelta (página 35), cambiar de color en el medio de la vuelta (página 35), tejer a ambos lados de la cadena base (página 34), tejer a ambos lados de la cadena base para hacer la columna del muñeco (página 126), bordar (página 38), unir partes (página 39).

Nota: *La cabeza y el cuerpo están tejidos en una sola pieza.*

CACHETES

(hagan 2, con gris verdoso)
1v: Tejan un anillo de 6 mp [6].
2v: 1 aum en cada uno de los 6 mp [12].
Corten dejando una hebra larga para coser.

PICO

(con rosa pastel)
1v: Tejan un anillo de 6 mp [6].
2v: 1 aum en cada uno de los 6 mp [12].
3v-4v: 1 mp en cada uno de los 12 mp [12].

5v: (5 mp, 1 aum) repitan 2 veces [14].
6v-7v: 1 mp en cada uno de los 14 mp [14].
8v: (6 mp, 1 aum) repitan 2 veces [16].
9v-10v: 1 mp en cada uno de los 16 mp [16].
11v: (7 mp, 1 aum) repitan 2 veces [18].
12v-13v: 1 mp en cada uno de los 18 mp [18].
14v: (8 mp, 1 aum) repitan 2 veces [20].
15v: 1 mp en cada uno de los 20 mp [20].
Corten dejando una hebra larga para coser. Rellenen un poquito.

CABEZA Y CUERPO

(comiencen con menta pastel)
1v: Tejan un anillo de 6 mp [6].
2v: 1 aum en cada uno de los 6 mp [12].
3v: (1 mp, 1 aum) repitan 6 veces [18].
4v: (1 mp, 1 aum) repitan 9 veces [27].
5v: (2 mp, 1 aum) repitan 9 veces [36].
6v: (3 mp, 1 aum) repitan 9 veces [45].
7v: (4 mp, 1 aum) repitan 9 veces [54].
8v-10v: 1 mp en cada uno de los 54 mp [54].
11v: (8 mp, 1 aum) repitan 6 veces [60].
12v-14v: 1 mp en cada uno de los 60 mp [60].
15v: (9 mp, 1 aum) repitan 6 veces [66].
16v-19v: 1 mp en cada uno de los 66 mp [66].

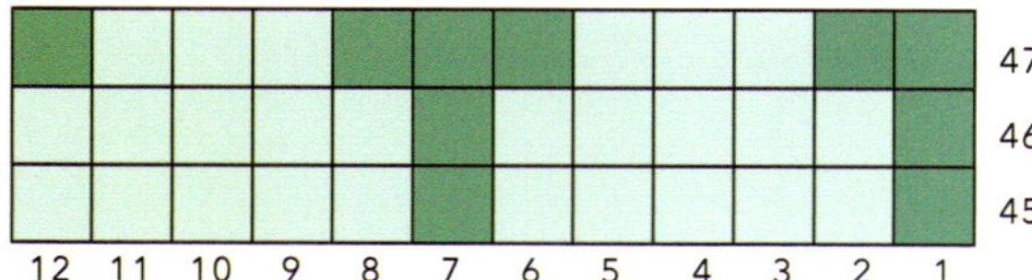

												47
												46
												45
12	11	10	9	8	7	6	5	4	3	2	1	

20v: (9 mp, 1 dism) repitan 6 veces [60].
21v: (3 mp, 1 dism) repitan 12 veces [48].
22v: (2 mp, 1 dism) repitan12 veces [36].
Cosan el pico entre las vueltas 13 y 17, del lado opuesto al inicio de las vueltas. Coloquen los ojos de seguridad entre las vueltas 15 y 16, a 2 p del pico. Cosan las mejillas entre las vueltas 14 y 18, al lado de los ojos.
23v: (4 mp, 1 dism) repitan 6 veces [30].
24v: (3 mp, 1 dism) repitan 6 veces [24].
Rellenen la cabeza y continúen rellenando el cuerpo a medida que tejan.
25v-44v: 1 mp en cada uno de los 24 mp [24].
Continúen con un patrón Jacquard siguiendo el diagrama, alternando menta pastel y verde azulado.

Nota: Tengan en cuenta que, en la vuelta 45, el aumento cuenta como 2 p. Esto significa que, a veces, estará formado por 2 p del mismo color y otras veces por 1 p de cada color.

45v: (3 mp, 1 aum) repitan 6 veces [30].
46v-47v: 1 mp en cada uno de los 30 mp [30].
Continúen en verde azulado.
48v: (4 mp, 1 aum) repitan 6 veces [36].
49v: 1 mp en cada uno de los 36 mp [36].
50v: (2 mp, 1 aum) repitan 12 veces [48].
51v: 1 mp en cada uno de los 48 mp [48].
52v: (3 mp, 1 aum) repitan 12 veces [60].
53v: 1 mp en cada uno de los 60 mp [60].
54v: Ubiquen el punto central en la espalda del cuerpo de la ñandú. De no encontrarse en ese lugar, tejan o destejan hasta llegar a ese punto (tuve que tejer 9 mp para llegar a ese punto). Luego, tejan 6 cad. Coloquen el marcador de puntos en el primer punto que tejan a continuación, ya que será el nuevo inicio de las vueltas (esta cadena base es la columna del muñeco, ha de quedar justo a la mitad).

Insertando la aguja en el segundo punto desde la aguja, tejan sobre la cadena, 1 aum, 4 mp, 1 mp sobre el medio punto donde inicia la cadena base. Continúen sobre el cuerpo, 60 mp, continúen sobre el otro lado de la cadena, 4 mp, 1 aum [73].
55v: 2 aum, 69 mp, 2 aum [77].
56v: 3 aum, 72 mp, 2 aum [82].
57v-59v: 1 mp en cada uno de los 82 mp [82].
60v: 5 mp, 1 dism, 70 mp, 1 dism, 3 mp [80].
61v: 1 mp en cada uno de los 80 mp [80].
62v: 5 mp, 1 dism, 68 mp, 1 dism, 3 mp [78].
63v: 1 mp en cada uno de los 78 mp [78].
64v: 5 mp, 1 dism, 26 mp, 1 dism, 8 mp, 1 dism, 28 mp, 1 dism, 3 mp [74].
65v: 1 mp en cada uno de los 74 mp [74].
66v: 5 mp, 1 dism, 24 mp, 1 dism, 8 mp, 1 dism, 26 mp, 1 dism, 3 mp [70].
67v: 1 mp en cada uno de los 70 mp [70].
68v: (5 mp, 1 dism) repitan 10 veces [60].
69v: (8 mp, 1 dism) repitan 6 veces [54].
70v: (7 mp, 1 dism) repitan 6 veces [48].
71v: (6 mp, 1 dism) repitan 6 veces [42].
72v: (5 mp, 1 dism) repitan 6 veces [36].
73v: (4 mp, 1 dism) repitan 6 veces [30].
74v: (3 mp, 1 dism) repitan 6 veces [24].
75v: (2 mp, 1 dism) repitan 6 veces [18].
76v: (1 mp, 1 dism) repitan 6 veces [12].
77v: 6 dism [6].
Corten dejando una hebra larga para cerrar los últimos 6 p. Rellenen un poco más si es necesario. Con la aguja de tapicería, pasen por el centro de cada punto y ajusten hasta cerrar el agujero. Rematen.

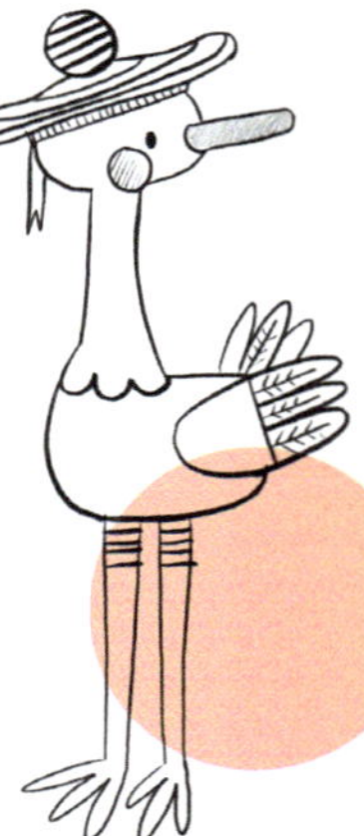

PIERNAS

(hagan 2, comiencen con verde azulado)
Al comenzar la cadena, dejen una hebra
larga para coser las patas al cuerpo. Tejan
14 cad. Asegúrense de que la cadena no esté
torcida y unan ambos extremos con 1 p enano.
Continúen trabajando en espiral, con un patrón
a rayas, alternando 1 vuelta en color verde
azulado con 1 en crudo.
1v-8v: 1 mp en cada uno de los 14 p [14].
Cambien a rosa pastel. Rellenen a medida que
tejan.
9v-24v: 1 mp en cada uno de los 14 mp [14].
Corten dejando una hebra larga para coser.

PATAS

(hagan 2, comiencen con verde azulado)
Primero, hagan los 3 dedos.
1v: Tejan un anillo de 8 mp [8].
2v-6v: 1 mp en cada uno de los 8 mp [8].
Corten la hebra de los dos primeros dedos.
Repitan las vueltas 1 a 6 para el tercer dedo,
pero no corten la hebra porque se continuará
trabajando desde ahí, uniendo los dedos para
formar la pata.
7v: Unan el tercer dedo con el segundo,
insertando la aguja en el segundo dedo, tejan
4 mp, luego los 8 mp del primer dedo. Inserten
la aguja en el segundo dedo para tejer los
4 mp restantes. Por último, tejan los 8 mp
del tercer dedo [24].

Pueden cerrar los agujeros que quedan entre los dedos con la aguja de tapicería. Rellenen un poco los dedos.

8v-10v: 1 mp en cada uno de los 24 mp [24].

11v: (4 mp, 1 dism) repitan 4 veces [20].

12v: 1 mp en cada uno de los 20 mp [20].

13v: (3 mp, 1 dism) repitan 4 veces [16].

14v: 1 mp en cada uno de los 16 mp [16].

15v: (2 mp, 1 dism) repitan 4 veces [12].

16v: 1 mp en cada uno de los 12 mp [12].
Rellenen un poquito más las patas.

17v: (2 mp, 1 dism) repitan 3 veces [9].

18v: (1 mp, 1 dism) repitan 3 veces [6].
Corten dejando una hebra larga para cerrar los últimos 6 p. Con la aguja de tapicería, pasen por el centro de cada punto y ajusten hasta cerrar el agujero. Rematen. Cosan las patas a las piernas.

ALAS

(hagan 2, comiencen con verde azulado)
Al comenzar el anillo, dejen una hebra larga para coser las alas al cuerpo.

1v: Tejan un anillo de 6 mp [6].

2v: 1 aum en cada uno de los 6 mp [12].

3v: (1 mp, 1 aum) repitan 6 veces [18].

4v: (2 mp, 1 aum) repitan 6 veces [24].

5v: (3 mp, 1 aum) repitan 6 veces [30].

6v: (4 mp, 1 aum) repitan 6 veces [36].

7v-12v: 1 mp en cada uno de los 36 mp [36].
Cambien a menta pastel. No las rellenen. A continuación, dividan el tejido para hacer las 3 plumas de las alas, usando 12 p para cada pluma.

PRIMERA PLUMA

1v: Salten 24 p y unan el último punto al punto 25 de la vuelta anterior haciendo 1 mp, 11 mp [12].

2v-12v: 1 mp en cada uno de los 12 mp [12].

13v: 6 dism [6].
Corten dejando una hebra larga para cerrar los últimos 6 p. Con la aguja de tapicería, pasen por el centro de cada punto y ajusten hasta cerrar el agujero. Rematen.

SEGUNDA PLUMA

Con menta pastel, retomen en el punto a la izquierda de la primera pluma.

1v: Tejan 6 mp y unan el último punto al sexto punto a la derecha de la primera pluma haciendo 1 mp. Este medio punto contará como el primer punto de la siguiente vuelta.

2v-13v: Repitan el patrón de la primera pluma.
Corten dejando una hebra larga para cerrar los últimos 6 p. Con la aguja de tapicería, pasen por el centro de cada punto y ajusten hasta cerrar el agujero. Rematen.

TERCERA PLUMA

Con menta pastel, retomen en el punto a la izquierda de la segunda pluma.

1v: 1 mp en cada uno de los 12 mp [12].

2v-13v: Repitan el patrón de la primera pluma.
Corten dejando una hebra larga para cerrar los últimos 6 p. Con la aguja de tapicería, pasen por el centro de cada punto y ajusten hasta cerrar el agujero. Rematen.
Con amarillo, borden los detalles de las plumas. Cosan las alas al cuerpo entre las vueltas 52 y 55. Pueden colocar un poco de relleno entre el cuerpo y las alas.

COLA

PLUMA GRANDE
(con menta pastel)

1v: Tejan un anillo de 5 mp [5].

2v: 1 aum en cada uno de los 5 mp [10].

3v: (1 mp, 1 aum) repitan 5 veces [15].

4v: (2 mp, 1 aum) repitan 5 veces [20].

5v-6v: 1 mp en cada uno de los 20 mp [20].

7v: (8 mp, 1 dism) repitan 2 veces [18].

8v-9v: 1 mp en cada uno de los 18 mp [18].

10v: (7 mp, 1 dism) repitan 2 veces [16].

11v-12v: 1 mp en cada uno de los 16 mp [16].

13v: (6 mp, 1 dism) repitan 2 veces [14].

14v-15v: 1 mp en cada uno de los 14 mp [14].

16v: (5 mp, 1 dism) repitan 2 veces [12].

17v: 1 mp en cada uno de los 12 mp [12].
Corten dejando una hebra larga para coser. No necesitan rellenar. Con amarillo, borden los detalles en la pluma. Aplánenla y cósanla en la punta de la cola, centrada entre las vueltas 55 y 56.

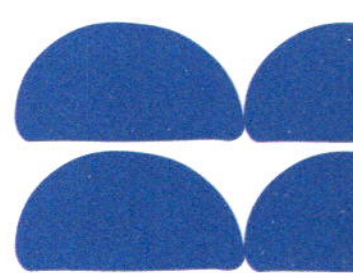

PLUMA PEQUEÑA
(hagan 2, con verde azulado)
1v: Tejan un anillo de 6 mp [6].
2v: 1 aum en cada uno de los 6 mp [12].
3v: (2 mp, 1 aum) repitan 4 veces [16].
4v-5v: 1 mp en cada uno de los 16 mp [16].
6v: (6 mp, 1 dism) repitan 2 veces [14].
7v-8v: 1 mp en cada uno de los 14 mp [14].
9v: (5 mp, 1 dism) repitan 2 veces [12].
10v: 1 mp en cada uno de los 12 mp [12].
Corten dejando una hebra larga para coser. No necesitan rellenar. Aplánenlas y cósanlas bajo la pluma grande, una al lado de la otra, entre las vueltas 57 y 58.

BOINA

(comiencen con crudo)
Trabajen con un patrón a rayas, alternando 1 vuelta en color crudo con 1 en azul francés. Trabajen uniendo las vueltas.

Nota: *Si hacen la boina en un solo color, no es necesario unir las vueltas.*

1v: Tejan un anillo de 9 pmv, unan con 1 p enano, 1 cad [9].
2v: 1 aum en cada pmv, unan con 1 p enano, 1 cad [18].
3v: (1 pmv, 1 aum) repitan 9 veces, unan con 1 p enano, 1 cad [27].
4v: (2 pmv, 1 aum) repitan 9 veces, unan con 1 p enano, 1 cad [36].
5v: (3 pmv, 1 aum) repitan 9 veces, unan con 1 p enano, 1 cad [45].
6v: (4 pmv, 1 aum) repitan 9 veces, unan con 1 p enano, 1 cad [54].
7v: (2 pmv, 1 aum) repitan 18 veces, unan con 1 p enano, 1 cad [72].
8v: (3 pmv, 1 aum) repitan 18 veces, unan con 1 p enano, 1 cad [90].
9v: 1 pmv en cada uno de los 90 pmv, unan con 1 p enano, 1 cad [90].
10v: (3 pmv, 1 dism) repitan 18 veces, unan con 1 p enano, 1 cad [72].
11v: (2 pmv, 1 dism) repitan 18 veces, unan con 1 p enano, 1 cad [54].
Cambien a rosa pastel.
12v-13v: 1 mp en cada uno de los 54 p [54].
14v: 1 p enano en cada uno de los 54 p [54].
Corten la hebra y rematen.

CINTA

(comiencen con rosa pastel)
Tejan 19 cad. Tejan en hileras, ida y vuelta.
1h: Comiencen en el segundo punto cadena desde la aguja, 18 p enano, 1 cad y giren [18].
Cambien a crudo.
2h-3h: Tejan tomando solo la hebra trasera, 1 p enano en cada uno de los 18 p. 1 cad y giren [18].
Cambien a rosa pastel.
4h: Tejan tomando solo la hebra trasera, 1 p enano en cada uno de los 18 p, 1 cad y giren [18].
5h: Tejan tomando solo la hebra trasera, 1 p enano en cada uno de los 18 p [18].
Corten dejando una hebra larga para coser. Cosan la cinta en el interior de la boina, en la vuelta 12.

POMPÓN

(comiencen con amarillo)
1v: Tejan un anillo de 6 mp [6].
Continúen con un patrón a rayas, alternando 1 vuelta en color crudo con 1 en amarillo.
2v: 1 aum en cada uno de los 6 mp [12].
3v: (1 mp, 1 aum) repitan 6 veces [18].
4v: (2 mp, 1 aum) repitan 6 veces [24].
5v-8v: 1 mp en cada uno de los 24 mp [24].
9v: (2 mp, 1 dism) repitan 6 veces [18].
10v: (1 mp, 1 dism) repitan 6 veces [12].
Rellenen el pompón.
11v: 6 dism [6].
Corten dejando una hebra larga para coser. Cosan el pompón en la parte superior de la boina.

Greta Gallina

Como todos los miembros de su familia, Greta aprendió crochet, tejido, bordado y cuanta arte textil existe cuando era solo una pequeña pollita. Con la edad se aburrió de todo eso. Pensaba que eran pasatiempos para señoras mayores, y ella era cualquier cosa menos una señora mayor. Pasaron los años. Greta comenzó varias carreras artísticas, pero no lograba encontrar su lugar en el mundo. Hasta que un día vio una instalación de arte realizada toda con hilo, las habilidades que había aprendido de pequeña en una gigantesca obra de arte que la dejó boquiabierta. Hoy, Greta confirma feliz y orgullosa el estereotipo de la artesana textil: le encantan todas las series, en especial los dramas de época y la ciencia ficción, su taza de té, charlar con amigas mientras teje, y, por supuesto, tener la mayor reserva de hilados que puedan imaginar. Como es su trabajo, tiene una excusa razonable. Pero en realidad es un montón de hilado. Un montón del tipo "ni se te ocurra mostrárselos a tus amigos que no tejen porque quizá piensen que tienes un problema".

NIVEL: **

Tamaño:
32 cm (incluida la cresta)

Materiales:
– Hilo de algodón mediano (*worsted*: 100 g/170 m) en:
　·crema
　·amarillo
　·rojo ladrillo
　·rosa pastel
　·menta pastel
　·gris grafito
– Aguja de crochet de 2,75 mm (C-2)
– Aguja de crochet de 3,25 mm (D-3)
– Ojos plásticos de seguridad (8 mm)
– Vellón siliconado
– Aguja de tapicería

Conocimientos necesarios:
anillo mágico (página 32), dividir el cuerpo en dos partes (página 47), tejer a ambos lados de la cadena base (página 34), tejer a ambos lados de la cadena base para hacer la columna del muñeco (página 126), bordar (página 38), unir partes (página 39).

Nota: *La cabeza y el cuerpo están tejidos en una sola pieza.*

Nota: *Usen siempre la aguja 2,75 mm, a menos que se indique lo contrario.*

CACHETES

(hagan 2, con rosa pastel)
1v: Tejan un anillo de 6 mp [6].
2v: 1 aum en cada uno de los 6 mp [12]. Corten dejando una hebra larga para coser.

PICO

(con amarillo)
1v: Tejan un anillo de 5 mp [5].
2v: 1 mp en cada uno de los 5 mp [5].
3v: (1 mp, 1 aum) repitan 2 veces, 1 mp [7].
4v: 1 mp en cada uno de los 7 mp [7].
5v: (2 mp, 1 aum) repitan 2 veces, 1 mp [9].
6v-7v: 1 mp en cada uno de los 9 mp [9]. Corten dejando una hebra larga para coser. Rellenen un poquito.

CABEZA Y CUERPO

(con crema)
1v: Tejan un anillo de 6 mp [6].
2v: 1 aum en cada uno de los 6 mp [12].
3v: (1 mp, 1 aum) repitan 6 veces [18].
4v: (2 mp, 1 aum) repitan 6 veces [24].
5v: (3 mp, 1 aum) repitan 6 veces [30].
6v: (4 mp, 1 aum) repitan 6 veces [36].
7v: (5 mp, 1 aum) repitan 6 veces [42].
8v-21v: 1 mp en cada uno de los 42 mp [42]. Cosan el pico entre las vueltas 11 y 14, del lado opuesto al inicio de las vueltas. Coloquen los ojos de seguridad entre las vueltas 12 y 13, a 3 p del pico. Cosan las mejillas bajo los ojos.
22v: 10 mp, 1 aum, 20 mp, 1 aum, 10 mp [44].
23v-25v: 1 mp en cada uno de los 44 mp [44].
26v: (10 mp, 1 aum) repitan 4 veces [48].
27v-29v: 1 mp en cada uno de los 48 mp [48].
30v: Ubiquen el punto central en la espalda del cuerpo de la gallina. De no encontrarse en ese lugar, tejan o destejan hasta llegar a ese punto. Luego, tejan 13 cad. Coloquen el marcador de puntos en el primer punto

que tejan a continuación, ya que será el nuevo inicio de las vueltas (esta cadena base es la columna del muñeco, ha de quedar justo a la mitad). Insertando la aguja en el segundo punto desde la aguja, tejan sobre la cadena, 1 aum, 11 mp, 1 mp sobre el medio punto donde inicia la cadena base. Continúen sobre el cuerpo, 21 mp, 1 aum, 4 mp, 1 aum, 21 mp, continúen sobre el otro lado de la cadena, 11 mp, 1 aum [77].

31v: 2 aum, 73 mp, 2 aum [81].
32v: 3 aum, 35 mp, 1 aum, 5 mp, 1 aum, 34 mp, 2 aum [88].
33v: 1 mp en cada uno de los 88 mp [88].
34v: 1 mp, 1 aum, 2 mp, 1 aum, 36 mp, (1 aum, 3 mp) repitan 2 veces, 1 aum, 36 mp, 1 aum, 1 mp [94].
35v-36v: 1 mp en cada uno de los 94 mp [94].
37v: 5 mp, 1 dism, 37 mp, 1 aum, 9 mp, 1 aum, 35 mp, 1 dism, 2 mp [94].
38v: 1 mp en cada uno de los 94 mp [94].
39v: 5 mp, 1 dism, 83 mp, 1 dism, 2 mp [92].
40v: 1 mp en cada uno de los 92 mp [92].
41v: 5 mp, 1 dism, 81 mp, 1 dism, 2 mp [90].
42v-43v: 1 mp en cada uno de los 90 mp [90].
44v: 5 mp, 1 dism, 34 mp, 1 dism, 9 mp, 1 dism, 32 mp, 1 dism, 2 mp [86].
45v-46v: 1 mp en cada uno de los 86 mp [86].
47v: 5 mp, 1 dism, 32 mp, 1 dism, 9 mp, 1 dism, 30 mp, 1 dism, 2 mp [82].
48v: 1 mp en cada uno de los 82 mp [82].
49v: 5 mp, 1 dism, 31 mp, 1 dism, 8 mp, 1 dism, 28 mp, 1 dism, 2 mp [78].
50v: 1 mp en cada uno de los 78 mp [78].
51v: (11 mp, 1 dism) repitan 6 veces [72].
52v: 1 mp en cada uno de los 72 mp [72].
53v: (10 mp, 1 dism) repitan 6 veces [66].
54v: (9 mp, 1 dism) repitan 6 veces [60].
55v: (8 mp, 1 dism) repitan 6 veces [54].
56v: (7 mp, 1 dism) repitan 6 veces [48].
Rellenen la cabeza y el cuerpo. No corten la hebra.

PATAS

Dividan el tejido marcando 24 p para cada extremidad. Ubiquen el punto central en la espalda. De no encontrarse en ese lugar, tejan o destejan hasta llegar a ese punto. Luego, tejan 8 cad y unan con 1 mp el último punto al punto 24 de la vuelta anterior (contará como el primer medio punto de la primera vuelta de la pata). Así, los puntos de la primera pata estarán unidos para seguir tejiendo en vueltas (24 mp en el cuerpo y 8 cad). Continúen tejiendo:
57v: 24 mp en el cuerpo, 8 mp en la cadena tomando solo la hebra trasera [32].
58v-59v: 1 mp en cada uno de los 32 mp [32].
60v: (2 mp, 1 dism) repitan 8 veces [24].
61v: 1 mp en cada uno de los 24 mp [24].
62v: (1 mp, 1 dism) repitan 8 veces [16].
Cambien a amarillo.

63v: Tejan tomando solo la hebra trasera, (2 mp, 1 dism) repitan 4 veces [12].
64v-69v: 1 mp en cada uno de los 12 mp [12].
Corten dejando una hebra larga para coser. Rellenen firmemente.

SEGUNDA PATA

Con color crema, retomen en el primer punto sin tejer de la espalda en la vuelta 56. Desde este punto, comiencen a tejer la segunda pata.
57v: 24 mp en el cuerpo, 8 mp en la cadena tomando solo la hebra delantera y unan con 1 mp al primer punto de la vuelta (el que se hizo para retomar el tejido) [32].
58v-69v: Repitan el patrón de la primera pata.
Corten dejando una hebra larga para coser. Terminen de rellenar el cuerpo y la segunda pata.

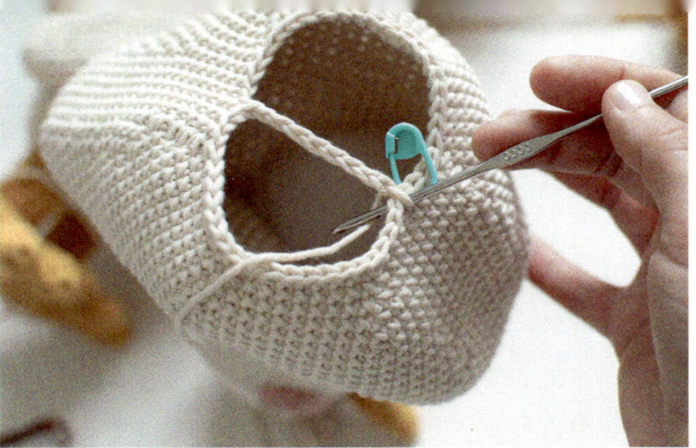

PIES

(hagan 2, con amarillo)
Primero, hagan los 3 dedos.
1v: Tejan un anillo de 8 mp [8].
2v-6v: 1 mp en cada uno de los 8 mp [8].
Corten la hebra de los dos primeros dedos. Repitan las vueltas 1 a 6 para el tercer dedo, pero no corten la hebra porque se continuará trabajando desde ahí, uniendo los dedos para formar el pie.
7v: Insertando la aguja en el segundo dedo, tejan 4 mp y luego 8 mp en el primer dedo. Inserten la aguja en el segundo dedo para tejer los 4 mp restantes. Por último, tejan los 8 mp del tercer dedo [24].
Pueden cerrar los agujeros que quedan entre los dedos con la aguja de tapicería. Rellenen un poco los dedos.
8v: 1 mp en cada uno de los 24 mp [24].
9v: (4 mp, 1 dism) repitan 4 veces [20].
10v: 1 mp en cada uno de los 20 mp [20].
11v: (3 mp, 1 dism) repitan 4 veces [16].
12v-13v: 1 mp en cada uno de los 16 mp [16].
14v: (2 mp, 1 dism) repitan 4 veces [12].
Rellenen un poquito más las patas.
15v: (1 mp, 1 dism) repitan 4 veces [8].

16v-17v: 1 mp en cada uno de los 8 mp [8].
Corten dejando una hebra larga para cerrar los últimos 8 p. Con la aguja de tapicería, pasen por el centro de cada punto y ajusten hasta cerrar el agujero. Rematen. Cosan los pies a las patas.

ALAS

(hagan 2, con crema)
Comiencen por las plumas.

PLUMA PEQUEÑA
1v: Tejan un anillo de 5 mp [5].
2v: 1 aum en cada uno de los 5 mp [10].
3v-5v: 1 mp en cada uno de los 10 mp [10].
Corten dejando una hebra larga para coser.

PLUMA MEDIANA
1v: Tejan un anillo de 6 mp [6].
2v: 1 aum en cada uno de los 6 mp [12].
3v-7v: 1 mp en cada uno de los 12 mp [12].
Corten dejando una hebra larga para coser.

PLUMA GRANDE
1v: Tejan un anillo de 7 mp [7].
2v: 1 aum en cada uno de los 7 mp [14].
3v-9v: 1 mp en cada uno de los 14 mp [14].
No corten la hebra porque se continuará
trabajando desde ahí, uniendo las plumas para
formar el ala.
10v: Insertando la aguja en la pluma mediana,
tejan 6 mp y luego 10 mp en la pluma pequeña.
Inserten la aguja en la pluma mediana para
tejer los 6 mp restantes. Por último, tejan los
14 mp de la pluma grande [36].
Pueden cerrar los agujeros que quedan entre
las plumas con la aguja de tapicería y la hebra
larga que dejaron al cortar.
11v: 1 mp en cada uno de los 36 mp [36].
12v: 27 mp, 2 dism, 5 mp [34].
13v: 1 mp en cada uno de los 34 mp [34].
14v: 26 mp, 2 dism, 4 mp [32].
15v: 1 mp en cada uno de los 32 mp [32].
16v: 25 mp, 2 dism, 3 mp [30].
17v: 1 mp en cada uno de los 30 mp [30].
18v: 24 mp, 2 dism, 2 mp [28].
19v: 1 mp en cada uno de los 28 mp [28].
20v: 23 mp, 2 dism, 1 mp [26].
21v: 1 mp en cada uno de los 26 mp [26].
22v: 22 mp, 2 dism [24].
23v: 1 mp en cada uno de los 24 mp [24].
24v: (4 mp, 1 dism) repitan 4 veces [20].
Corten dejando una hebra larga para coser.
No las rellenen. Aplánenlas y cósanlas entre
las vueltas 34 y 44.

CRESTA

(con rojo ladrillo)

PARTE GRANDE
1v: Tejan un anillo de 6 mp [6].
2v: 1 aum en cada uno de los 6 mp [12].
3v: (1 mp, 1 aum) repitan 6 veces [18].
4v: (2 mp, 1 aum) repitan 6 veces [24].
5v-7v: 1 mp en cada uno de los 24 mp [24].
8v: (4 mp, 1 dism) repitan 4 veces [20].
9v-10v: 1 mp en cada uno de los 20 mp [20].
Corten dejando una hebra larga para coser.
No la rellenen.

PARTE MEDIANA
1v: Tejan un anillo de 6 mp [6].
2v: 1 aum en cada uno de los 6 mp [12].
3v: (1 mp, 1 aum) repitan 6 veces [18].
4v-6v: 1 mp en cada uno de los 18 mp [18].
7v: (4 mp, 1 dism) repitan 3 veces [15].
8v: 1 mp en cada uno de los 15 mp [15].
Corten dejando una hebra larga para coser.
No la rellenen.

PARTE PEQUEÑA
1v: Tejan un anillo de 6 mp [6].
2v: 1 aum en cada uno de los 6 mp [12].
3v-5v: 1 mp en cada uno de los 12 mp [12].
Corten dejando una hebra larga para coser.
No la rellenen.

Aplanen las tres partes de la cresta y cósanlas en la
parte de arriba de la cabeza de la gallina. Cosan la parte
grande entre las vueltas 4 y 5, la mediana entre las
vueltas 3 y 4 y la pequeña entre las vueltas 2 y 3.

PLUMAS DE LA COLA

PLUMA GRANDE

(comiencen con gris grafito)

1v: Tejan un anillo de 6 mp [6].
Continúen con un patrón a rayas, alternando
1 vuelta en color crema con 1 en gris grafito.
2v: 1 aum en cada uno de los 6 mp [12].
3v: (1 mp, 1 aum) repitan 6 veces [18].
4v-9v: 1 mp en cada uno de los 18 mp [18].
10v: (4 mp, 1 dism) repitan 3 veces [15].
11v-12v: 1 mp en cada uno de los 15 mp [15].
13v: (3 mp, 1 dism) repitan 3 veces [12].
14v-15v: 1 mp en cada uno de los 12 mp [12].
Corten dejando una hebra larga para coser.
No la rellenen.

PLUMA PEQUEÑA

(hagan 2, comiencen con gris grafito)

1v: Tejan un anillo de 8 mp [8].
Continúen con un patrón a rayas, alternando
1 vuelta en color crema con 1 en gris grafito.
2v: 1 aum en cada uno de los 8 mp [16].
3v-8v: 1 mp en cada uno de los 16 mp [16].
9v: (2 mp, 1 dism) repitan 4 veces [12].
10v-11v: 1 mp en cada uno de los 12 mp [12].
Corten dejando una hebra larga para coser. No las
rellenen. Aplánenlas y cósanlas en la punta de la cola:
la pluma grande centrada entre las vueltas 32 y 33,
y las pequeñas a cada lado de la pluma grande.

CHAL

**(con menta pastel, aguja de crochet de
2,75 mm o 3,25 mm para una pieza más fluida)**
Tejan 6 cad. Tejan en hileras, ida y vuelta.
1h: Comiencen en el sexto p cad desde la
aguja, hagan 1 pv en ese punto, 3 cad y giren.
2h: 6 pv en el espacio de 3 p cad, 6 cad y giren.
3h: Salten 2 p, 3 mp, 3 cad, salten 1 p, 1 pv
en el tercer p de la cad de giro de la hilera
anterior, 3 cad y giren.
4h: 5 pv en el espacio de 3 p cad, salten 1 p,
1 mp, salten 1 p, 6 pv en el espacio de 3 p cad,
6 cad y giren.
5h: Salten 2 p, 3 mp, 3 cad, salten 3 p, 3 mp,
3 cad, salten 1 p, 1 pv en el tercer p de la cad
de giro de la hilera anterior, 3 cad y giren.
6h: (5 pv en el espacio de 3 p cad, salten 1 p,
1 mp, salten 1 p) repitan 2 veces, 6 pv en el
espacio de 3 p cad, 6 cad y giren.
7h: Salten 2 p, 3 mp, (3 cad, salten 3 p, 3 mp)
repitan 2 veces, 3 cad, salten 1 p, 1 pv en el
tercer p de la cad de giro de la hilera anterior,
3 cad y giren.
8h: (5 pv en el espacio de 3 p cad, salten 1 p,
1 mp, salten 1 p) repitan 3 veces, 6 pv en el
espacio de 3 p cad, 6 cad y giren.
9h: Salten 2 p, 3 mp, (3 cad, salten 3 p, 3 mp)
repitan 3 veces, 3 cad, salten 1 p, 1 pv en el
tercer p de la cad de giro de la hilera anterior,
3 cad y giren.
10h: (5 pv en el espacio de 3 p cad, salten
1 p, 1 mp, salten 1 p) repitan 4 veces, 6 pv
en el espacio de 3 p cad, 1 cad. No giren.
No corten la hebra. Continuarán haciendo
el borde del chal.

BORDE DEL CHAL

1h: Tejan 30 mp en el primer lado (3 mp por
cada pv, 3 mp por cada espacio de 3 p cad),
1 cad, tejan 30 mp en el otro lado, 4 cad y
giren.
2h: Salten 3 p, 3 mp, (3 cad, salten 3 p, 3 mp)
repitan 4 veces, 3 cad, salten 1 p, (3 mp, 3 cad,
salten 3 p) repitan 5 veces, 1 mp, 3 cad y giren.

3h: 4 pv en el espacio de 3 p cad, salten 1 p, 1 mp,
salten 1 p, (5 pv en el espacio de 3 p cad, salten 1 p,
1 mp, salten 1 p) repitan 4 veces, 6 pv en el espacio
de 3 mp (esta es la punta del chal), salten 1 p, 1 mp,
salten 1 p, (5 pv en el espacio de 3 p cad, salten 1 p,
1 mp, salten 1 p) repitan 4 veces, 5 pv en el último
espacio de 3 p cad. No corten la hebra. Continúen
con las tiras del chal.

TIRAS DEL CHAL

Para hacer las tiras, tejan 25 cad. Comiencen en el
segundo punto cadena desde la aguja, 24 p enano
sobre la cadena. Luego tejan unos 38 p enano en la
parte superior del chal y 25 cad para hacer la otra
tira. Comiencen en el segundo punto cadena desde la
aguja, 24 p enano y unan con 1 p enano al punto de
inicio de la cadena base. Corten la hebra y rematen.

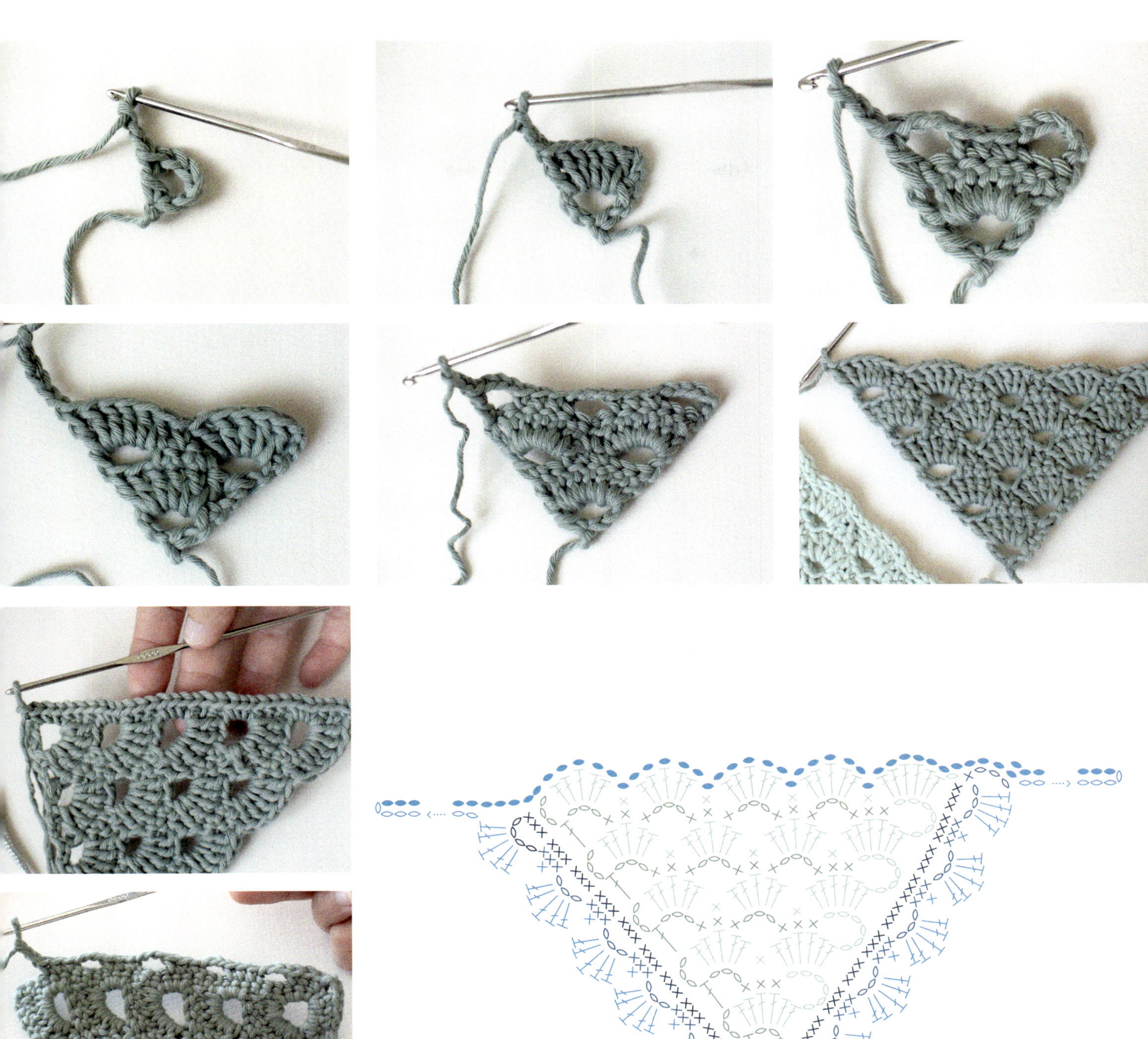

Cosmo Caracol

Cosmo es botánico, un científico de plantas. Las plantas son su pasión. En especial, las flores. En concreto, las flores comestibles. Y como Cosmo es botánico, científico de plantas, sabe mucho de plantas. Y de flores. En los últimos años, también se ha entusiasmado con la pastelería. Al principio solo le interesaba comer pasteles, pero ahora también le gusta hacerlos. Cuando empezó, trató de hornear un pastel por su cuenta, pero pronto descubrió que su falta de manos podía hacer que algunas partes del proceso fueran, digamos, desafiantes... sin mencionar viscosas. Pero Cosmo no iba a darse por vencido, por lo que se asoció con su viejo y gigante amigo, Eduardo Tiernosaurio. Juntos abrieron la primera pastelería vegana de la ciudad, pues solo usan plantas para preparar sus deliciosos pasteles. Obviamente, adornados con las flores comestibles más hermosas que conoce. Como siempre dice Cosmo: "Le debemos la vida en la Tierra a las plantas y la alegría a los pasteles".

NIVEL: **

Tamaño:
29 cm (incluidos los ojos)

Materiales:
– Hilo de algodón mediano (*worsted*: 100 g/170 m) en:
  · celeste agua
  · rosa pálido
  · amarillo
  · rosa pastel
  · crudo
  · negro
– Aguja de crochet de 2,75 mm (C-2)
– Ojos plásticos de seguridad (10 mm)
– Vellón siliconado
– Aguja de tapicería

Conocimientos necesarios:
anillo mágico (página 32), bordar (página 38), unir partes (página 39), tejer a ambos lados de la cadena base para hacer la columna del muñeco (página 126), tapestry (página 36), tejer Jacquard siguiendo un diagrama (página 36), punto cangrejo (página 30).

Nota: La cabeza y el cuerpo están tejidos en una sola pieza.

CACHETES

(hagan 2, con rosa pastel)
1v: Tejan un anillo de 6 mp [6].
2v: 1 aum en cada uno de los 6 mp [12].
Corten dejando una hebra larga para coser.

BLANCO DEL OJO

(hagan 2, con crudo)
1v: Tejan un anillo de 8 mp, sin ajustar demasiado [8].
No cierren el anillo con demasiada fuerza.
Corten dejando una hebra larga para coser.
Reserven.

CABEZA Y CUERPO

(comiencen con celeste agua)
Comiencen con los ojos, hagan 2.

1v: Tejan un anillo de 7 mp [7].
2v: 1 aum en cada uno de los 7 mp [14].
3v-7v: 1 mp en cada uno de los 14 mp [14].
Tomen los dos blancos de los ojos y coloquen los ojos de plástico en el centro del anillo inicial sin poner la traba. Ubiquen el blanco de ojo de manera que el ojo plástico se pueda insertar entre las vueltas 4 y 5 de cada ojo. Coloquen la traba y cosan el blanco del ojo al ojo de la cabeza.
8v-16v: 1 mp en cada uno de los 14 mp [14].
Corten la hebra del primer ojo y rematen. Repitan las vueltas 1 a 16 para el segundo ojo, pero no corten el hilo porque los ojos se unirán en la siguiente vuelta para continuar con la cabeza.

Nota: Comiencen la siguiente vuelta en un costado de la antena del ojo. De no encontrarse en ese lugar, tejan o destejan hasta llegar a ese punto. Asegúrense de que ambos ojos miren en la misma dirección mientras los unen.

17v: Tejan 4 cad, 14 mp alrededor del primer ojo, 4 mp sobre los 4 p cad, 14 mp sobre el segundo ojo, 4 mp sobre los 4 p cad [36].
18v: (5 mp, 1 aum) repitan 6 veces [42].

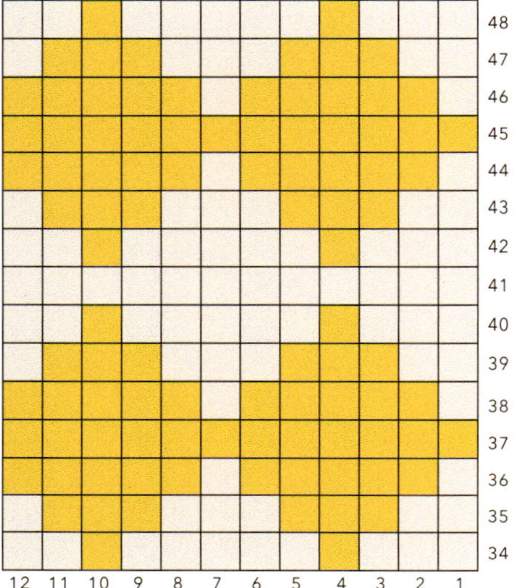

19v-20v: 1 mp en cada uno de los
42 mp [42].
21v: (6 mp, 1 aum) repitan 6 veces [48].
22v-27v: 1 mp en cada uno de los
48 mp [48].
Con negro, borden la boca entre las
vueltas 19 y 20. Cosan los cachetes
entre las vueltas 17 y 21. Rellenen los
ojos y continúen rellenando mientras
tejen.
28v: (7 mp, 1 aum) repitan 6 veces [54].
29v-32v: 1 mp en cada uno de los
54 mp [54].
Cambien a rosa pálido.
33v: 1 mp en cada uno de los 54 mp [54].
Continúen con un patrón Jacquard
siguiendo el diagrama, alternando
amarillo y rosa pálido.
34v-48v: 1 mp en cada uno de los
54 mp [54].
Cambien a rosa pálido.

49v: 1 mp en cada uno de los 54 mp
[54].
Cambien a celeste agua.
50v: Tejan tomando solo la hebra
trasera, 1 mp en cada uno de los
54 mp [54].
51v: 12 mp. Ubiquen el punto
central del costado del cuerpo. De
no encontrarse en ese lugar, tejan
o destejan hasta llegar a ese punto.
Luego, tejan 17 cad. Coloquen el
marcador de puntos en el primer
punto que tejan a continuación,

ya que será el nuevo inicio de las
vueltas (el cuerpo del caracol).
Inserten la aguja en el segundo
punto cadena desde la aguja y tejan
sobre la cadena, 1 aum, 15 mp,
1 mp sobre el medio punto donde
inicia la cadena base. Continúen
sobre el cuerpo, 54 mp continúen
sobre el otro lado de la cadena,
16 mp [88].
52v: 2 aum, 85 mp, 1 aum [91].
53v: (1 mp, 1 aum) repitan 2 veces,
86 mp, 1 aum [94].

54v-57v: 1 mp en cada uno de los 94 mp [94].
58v: 4 mp, 1 dism, 84 mp, 1 dism, 2 mp [92].
59v: 4 mp, 1 dism, 34 mp, 1 dism, 10 mp, 1 dism, 34 mp, 1 dism, 2 mp [88].
60v: 4 mp, 1 dism, 32 mp, 1 dism, 10 mp, 1 dism, 32 mp, 1 dism, 2 mp [84].
61v: 4 mp, 1 dism, 30 mp, 1 dism, 10 mp, 1 dism, 30 mp, 1 dism, 2 mp [80].
62v: 4 mp, 1 dism, 28 mp, 1 dism, 10 mp, 1 dism, 28 mp, 1 dism, 2 mp [76].
63v: 4 mp, 1 dism, 26 mp, 1 dism, 10 mp, 1 dism, 26 mp, 1 dism, 2 mp [72].
64v: (4 mp, 1 dism) repitan 12 veces [60].
65v: (8 mp, 1 dism) repitan 6 veces [54].
66v: (7 mp, 1 dism) repitan 6 veces [48].
Rellenen la cabeza y el cuerpo firmemente. Continúen rellenando a medida que tejan.
67v: (6 mp, 1 dism) repitan 6 veces [42].
68v: (5 mp, 1 dism) repitan 6 veces [36].
69v: (4 mp, 1 dism) repitan 6 veces [30].
70v: (3 mp, 1 dism) repitan 6 veces [24].
71v: (2 mp, 1 dism) repitan 6 veces [18].
72v: (1 mp, 1 dism) repitan 6 veces [12].
73v: 6 dism [6].
Corten dejando una hebra larga para cerrar los últimos 6 p. Con la aguja de tapicería, pasen por el centro de cada punto y ajusten hasta cerrar el agujero. Rematen.

PIE DEL CARACOL

(comiencen con celeste agua)
Al comenzar la cadena, dejen una hebra larga para coser el pie del caracol al cuerpo. Tejan 80 cad. Asegúrense de que la cadena no esté torcida y unan ambos extremos con 1 p enano. Continúen trabajando en espiral.
1v: 1 mp en cada uno de los 80 mp [80].
2v: 1 aum en cada uno de los 80 mp [160].
3v: (7 mp, 1 aum) repitan 20 veces [180].
Cambien a rosa pálido.
4v: (11 mp, 1 aum) repitan 15 veces [195].
Cambien a amarillo.
5v: (12 mp, 1 aum) repitan 15 veces [210].
6v: 1 cad, 1 p cangrejo en cada uno de los 210 mp [210].
Corten las hebras y rematen.
Presenten el pie alrededor del cuerpo del caracol, como si estuvieran colocándole una falda, sobre las vueltas 60 y 63 (pueden ayudarse con alfileres). Cósanlo con el hilo celeste agua que dejaron al inicio de la cadena.

Nota: *El pie no quedará como una línea recta. Al coser, tengan en cuenta que el pie ayudará al caracol a sostenerse en pie.*

CAPARAZÓN

Nota: *Para el caparazón utilizo la técnica Jacquard. Como alternativa, también pueden usar la técnica tapestry o hilo conducido, u optar por tejer el caparazón en un solo color o en un patrón de rayas horizontales.*

Nota: *El caparazón está tejido en dos partes que luego se unen cosiendo.*

PRIMERA PARTE DEL CAPARAZÓN
(comiencen con amarillo)

1v: Tejan un anillo de 8 mp [8].
Continúen trabajando, alternado los colores (amarillo y rosa pálido). Tejan el segundo punto de cada aumento en rosa pálido para obtener 8 líneas en rosa pálido.
2v: 1 aum en cada uno de los 8 mp [16].
3v: (1 mp, 1 aum) repitan 8 veces [24].
4v: (2 mp, 1 aum) repitan 8 veces [32].
5v: (3 mp, 1 aum) repitan 8 veces [40].
6v: (4 mp, 1 aum) repitan 8 veces [48].
7v: (5 mp, 1 aum) repitan 8 veces [56].
8v: (6 mp, 1 aum) repitan 8 veces [64].
Continúen en rosa pálido.
9v: (7 mp, 1 aum) repitan 8 veces [72].
Cambien a amarillo.
10v: Tejan tomando solo la hebra trasera, 1 mp en cada uno de los 72 mp [72].
11v-15v: 1 mp en cada uno de los 72 mp [72].
Corten la hebra y rematen.

SEGUNDA PARTE DEL CAPARAZÓN
(comiencen con amarillo)

1v-9v: Repitan el patrón de la primera parte del caparazón.
Corten dejando una hebra larga para coser.

PEQUEÑO BOTÓN DEL CENTRO
(hagan 2, con amarillo)

1v: Tejan un anillo de 8 mp [8].
2v: 1 mp en cada uno de los 8 mp [8].
Corten dejando una hebra larga para coser.
No los rellenen.

ARMADO DEL CAPARAZÓN

Usando una aguja de tapicería y la hebra larga de la segunda parte del caparazón, cosan las dos partes insertando la aguja bajo ambas hebras en la primera parte del caparazón (los puntos amarillos) y bajo la hebra trasera en la segunda parte del caparazón (los puntos de color rosa pálido). Vamos a usar las hebras delanteras sobrantes en la segunda parte del caparazón para tejer una vuelta extra de p enano. Rellenen el caparazón antes de terminar de coser. No lo rellenen demasiado: queremos que el caparazón sea esponjoso, pero plano como un cojín.

Retomen con el hilo rosa pálido en una hebra delantera sobrante de la vuelta 9 de la primera parte del caparazón y tejan 72 p enano. Corten la hebra y rematen. Repitan en el otro lado, en las hebras delanteras sobrantes de la costura. Cosan el botón en el centro de la primera parte. Pasen la aguja al otro lado para tirar del botón ligeramente hacia dentro. Repitan con el segundo botón en la otra parte del caparazón.

Cosan el caparazón centrado en la parte de atrás, sobre la vuelta 55.

Angélica Ballena

Angélica es una ballena azul. Por si no lo sabían, la ballena azul es el animal más grande que jamás haya existido. Sí, más grande que los dinosaurios. Por favor, no se lo digan a Eduardo Tiernosaurio, que cree que es el más grande. Por suerte, a Angélica no le importan esos datos. Puede que tampoco supieran que Angélica es fonoaudióloga: ayuda a otros seres a mejorar su comunicación cuando tienen dificultades para hablar, oír o encontrar las palabras adecuadas para expresar lo que sienten. A pesar de que viven en mundos muy diferentes, una de sus amigas más queridas es Greta Gallina. En una de sus charlas de té, Greta insistió en hacerle un regalo tejido al crochet, pero seguramente confundieron metros con centímetros en algún momento de la conversación... Le puede pasar incluso a una fonoaudióloga. Pero a Angélica no le importa, y luce orgullosa y feliz su gorrito de crochet tejido por su mejor amiga.

NIVEL: **

Tamaño:
48 cm de largo

Materiales:
– Hilo de algodón mediano (*worsted*: 100 g/170 m) en:
 ·azul petróleo (150 g aprox.)
 ·crudo
 ·rosa pastel
 ·crema
– Hilo de algodón fino (*fingering*: 100 g/440 m) en:
 ·rosa pastel
 ·crudo
 ·amarillo mostaza
– Aguja de crochet de 2,75 mm (C-2)
– Aguja de crochet de 2,00 mm (B-1)
– Ojos plásticos de seguridad (10 mm)
– Vellón siliconado
– Aguja de tapicería

Conocimientos necesarios:
anillo mágico (página 32), tejer a ambos lados de la cadena base (página 34), cambiar de color al inicio de la vuelta (página 35), cambiar de color a mitad de una vuelta (página 35), unir partes (página 39), bordar (página 38).

Nota: Usen siempre la aguja 2,75 mm, a menos que se indique lo contrario.

Nota: Al igual que con todos mis muñecos, este diseño se tejió usando el medio punto en forma de X. Si lo usan en forma de V, la línea entre los cambios de color probablemente se gire un poco más. Recuerden que una línea recta perfecta es imposible. Incluso usando el medio punto en forma de X se girará un poco. Intenten no preocuparse demasiado por eso.

CABEZA Y CUERPO

(comiencen con azul petróleo)
Tejan 8 cad. Tejan a ambos lados de la cadena base.
1v: Comiencen en el segundo punto cadena desde la aguja, 1 aum, 5 mp, 3 mp en el último punto. Continúen al otro de la cadena base, 6 mp [16].
2v: 2 aum, 5 mp, 3 aum, 5 mp, 1 aum [22].
A partir de la siguiente vuelta, tejan alternando colores (azul petróleo y crudo). El color se indica antes entre paréntesis.
3v: (*azul petróleo*) 14 mp, (*crudo*) (1 mp, 1 aum) repitan 4 veces [26].
4v: (*azul petróleo*) 14 mp, (*crudo*) 12 mp [26].
5v: (*azul petróleo*) (2 mp, 1 aum) repitan 4 veces, 2 mp, (*crudo*) (2 mp, 1 aum) repitan 4 veces [34].
6v-7v: (*azul petróleo*) 18 mp, (*crudo*) 16 mp [34].
8v: (*azul petróleo*) 18 mp, (*crudo*) 6 mp, 4 aum, 6 mp [38].
9v-10v: (*azul petróleo*) 18 mp, (*crudo*) 20 mp [38].
11v: (*azul petróleo*) 1 mp, 1 aum, 14 mp, 1 aum, 1 mp, (*crudo*) 7 mp, (1 aum, 1 mp) repitan 3 veces, 1 aum, 6 mp [44].

12v-14v: (*azul petróleo*) 20 mp, (*crudo*) 24 mp [44].

15v: (*azul petróleo*) 1 mp, 1 aum, 16 mp, 1 aum, 1 mp, (*crudo*) 7 mp, (1 aum, 2 mp) repitan 3 veces, 1 aum, 7 mp [50].

16v-18v: (*azul petróleo*) 22 mp, (*crudo*) 28 mp [50].

19v: (*azul petróleo*) 1 mp, 1 aum, 18 mp, 1 aum, 1 mp, (*crudo*) 9 mp, (1 aum, 2 mp) repitan 3 veces, 1 aum, 9 mp [56].

20v-22v: (*azul petróleo*) 24 mp, (*crudo*) 32 mp [56].

23v: (*azul petróleo*) 24 mp, (*crudo*) 28 mp, (*azul petróleo*) 4 mp [56].

24v: (*azul petróleo*) 28 mp, (*crudo*) 8 mp, 1 aum, 1 mp, 1 aum, 2 mp, 1 aum, 1 mp, 1 aum, 7 mp, (*azul petróleo*) 5 mp [60].

25v: (*azul petróleo*) 29 mp, (*crudo*) 25 mp, (*azul petróleo*) 6 mp [60].

26v: (*azul petróleo*) 30 mp, (*crudo*) 23 mp, (*azul petróleo*) 7 mp [60].

27v: (*azul petróleo*) 31 mp, (*crudo*) 21 mp, (*azul petróleo*) 8 mp [60].

28v-58v: (*azul petróleo*) 32 mp, (*crudo*) 20 mp, (*azul petróleo*) 8 mp [60].

Coloquen los ojos de seguridad entre las vueltas 29 y 30, a 4 p del parche de color crudo. Con rosa pastel, borden las mejillas bajo los ojos. Rellenen la cabeza y continúen rellenando a medida que tejan.

59v: (*azul petróleo*) 32 mp, (*crudo*) 4 mp, 1 dism, 1 mp, 1 dism, 2 mp, 1 dism, 1 mp, 1 dism, 4 mp, (*azul petróleo*) 8 mp [56].

60v: (*azul petróleo*) 32 mp, (*crudo*) 16 mp, (*azul petróleo*) 8 mp [56].

61v: (*azul petróleo*) 32 mp, (*crudo*) 5 mp, 1 dism, 2 mp, 1 dism, 5 mp, (*azul petróleo*) 8 mp [54].

62v: (*azul petróleo*) 32 mp, (*crudo*) 14 mp, (*azul petróleo*) 8 mp [54].

63v: (*azul petróleo*) 32 mp, (*crudo*) 3 mp, 1 dism, 4 mp, 1 dism, 3 mp, (azul petróleo) 8 mp [52].

64v: (*azul petróleo*) 29 mp, 1 dism, 1 mp (*crudo*) 12 mp, (*azul petróleo*) 1 mp, 1 dism, 5 mp [50].

65v: (*azul petróleo*) 31 mp, (*crudo*) 4 mp, 2 dism, 4 mp (*azul petróleo*) 7 mp [48].

66v: (*azul petróleo*) 28 mp, 1 dism, 1 mp, (*crudo*) 10 mp (*azul petróleo*) 1 mp, 1 dism, 4 mp [46].

67v: (*azul petróleo*) 30 mp, (*crudo*) (2 mp, 1 dism) repitan 2 veces, 2 mp, (*azul petróleo*) 6 mp [44].

68v: (*azul petróleo*) 27 mp, 1 dism, 1 mp, (*crudo*) 8 mp, (*azul petróleo*) 1 mp, 1 dism, 3 mp [42].

69v: (*azul petróleo*) 29 mp, (*crudo*) 2 mp, 2 dism, 2 mp, (*azul petróleo*) 5 mp [40].

70v: (*azul petróleo*) 26 mp, 1 dism, 1 mp, (*crudo*) 6 mp, (*azul petróleo*) 1 mp, 1 dism, 2 mp [38].

71v: (*azul petróleo*) 28 mp, (*crudo*) 1 mp, 2 dism, 1 mp, (*azul petróleo*) 4 mp [36].

72v: (*azul petróleo*) 25 mp, 1 dism, 1 mp, (*crudo*) 4 mp, (*azul petróleo*) 1 mp, 1 dism, 1 mp [34].

73v: (*azul petróleo*) 27 mp, (*crudo*) 2 dism, (*azul petróleo*) 3 mp [32].

Continúen en azul petróleo.

74v: 24 mp, 1 dism, 4 mp, 1 dism [30].

75v: 1 mp en cada uno de los 30 mp [30].

76v: 24 mp, 1 dism, 4 mp [29].

77v: 1 dism, 27 mp [28].

78v: 1 mp en cada uno de los 28 mp [28].

79v: 24 mp, 2 dism [26].

80v: 1 mp en cada uno de los 26 mp [26].

81v: 2 mp, 1 dism, 18 mp, 1 dism, 2 mp [24].

82v: 1 mp en cada uno de los 24 mp [24].

83v: 1 mp, 1 dism 18 mp, 1 dism, 1 mp [22].

84v: 1 mp en cada uno de los 22 mp [22].

85v: 1 dism, 18 mp, 1 dism [20].

86v: 1 mp en cada uno de los 20 mp [20].

87v: 1 mp, 1 dism, 14 mp, 1 dism, 1 mp [18].

88v-89v: 1 mp en cada uno de los 18 mp [18].

90v: (1 mp, 1 dism) repitan 6 veces [12].

91v: 6 dism [6].

Corten dejando una hebra larga para cerrar los últimos 6 p. Rellenen un poco más si es necesario. Con la aguja de tapicería, pasen por el centro de cada punto y ajusten hasta cerrar el agujero. Rematen.

PLIEGUES VENTRALES
(con color crudo)

*Nota: Los pliegues ventrales son opcionales. Si prefieren
que su ballena no los tenga, pueden omitirlos.*

Posicionen el primer pliegue ventral a 3 o 4 p de distancia de
la parte azul petróleo del hocico. Inserten la aguja de crochet
entre las vueltas 2 y 3, y saquen una lazada de color crudo.
Tejan 1 p enano o deslizado superficial. Luego, inserten la
aguja de crochet en el siguiente punto, entre las vueltas 3 y 4
de la panza, saquen una lazada y hagan 1 p enano o deslizado
superficial. Continúen haciendo puntos enanos superficiales
hasta llegar al borde azul petróleo,
al final del cuerpo de la ballena. Corten la hebra y rematen.

Hagan otros 6 pliegues ventrales de la misma manera.

COLA

(con azul petróleo)

1v: Tejan un anillo de 5 mp [5].
2v: 1 aum en cada uno de los 5 mp [10].
3v: 1 aum en cada uno de los 10 mp [20].
4v: (1 mp, 1 aum) repitan 10 veces [30].
5v: (2 mp, 1 aum) repitan 10 veces [40].
6v: (3 mp, 1 aum) repitan 10 veces [50].
7v: (4 mp, 1 aum) repitan 10 veces [60].
8v: (5 mp, 1 aum) repitan 10 veces [70].
9v: (6 mp, 1 aum) repitan 10 veces [80].
10v: (7 mp, 1 aum) repitan 10 veces [90].
11v: 1 mp en cada uno de los 90 [90].
No corten la hebra. Doblen la cola para cerrarla. Aplánenla
y trabajen la siguiente vuelta insertando la aguja a través de
ambas capas de la cola para cerrarla. No necesita relleno.
12v: 1 p enano en cada uno de los 45 p [45].
Corten la hebra y rematen. Cosan la cola entre
las vueltas 89 y 91.

ALETAS

(hagan 2, en azul petróleo)
1v: Tejan un anillo de 6 mp [6].
2v: 1 mp en cada uno de los 6 mp [6].
3v: 1 mp, 1 aum, 4 mp [7].
4v: 1 mp en cada uno de los 7 mp [7].
5v: 2 mp, 1 aum, 4 mp [8].
6v: 1 mp en cada uno de los 8 mp [8].
7v: 3 mp, 1 aum, 4 mp [9].
8v: 1 mp en cada uno de los 9 mp [9].
9v: 3 mp, 1 aum, 1 mp, 1 aum, 3 mp [11].
10v-11v: 1 mp en cada uno de los 11 mp [11].
12v: 4 mp, 1 aum, 1 mp, 1 aum, 4 mp [13].
13v-14v: 1 mp en cada uno de los 13 mp [13].
15v: 5 mp, 1 aum, 1 mp, 1 aum, 5 mp [15].

Nota: En las siguientes vueltas agregarán los callos de las aletas. No tienen una posición fija. Tejan 1 p mota cada par de vueltas, posicionándolas con unos puntos de distancia en el lado derecho de la aleta.

16v-32v: 1 mp en cada uno de los 15 mp, haciendo irregularmente 1 p mota en el lado derecho de la aleta [15].
33v-34v: 1 mp en cada uno de los 15 mp [15].
Corten dejando una hebra larga para coser.
No las rellenen. Aplánenlas y cósanlas entre las vueltas 34 y 41, justo al lado del parche de color crudo de la panza.

16v: ((*crema*) 1 dism, 8 mp, (*rosa pastel*) 1 dism, 8 mp)
repetir 4 veces [72].
17v: ((*crema*) 1 dism, 7 mp, (*rosa pastel*) 1 dism, 7 mp)
repetir 4 veces [64].
18v: ((*crema*) 1 dism, 6 mp, (*rosa pastel*) 1 dism, 6 mp)
repetir 4 veces [56].
19v: ((*crema*) 1 dism, 5 mp, (*rosa pastel*) 1 dism, 5 mp)
repetir 4 veces [48].
20v: ((*crema*) 1 dism, 4 mp, (*rosa pastel*) 1 dism, 4 mp)
repetir 4 veces [40].
Corten dejando una hebra larga para coser. Cosan uniendo
la vuelta 20 con la vuelta 1 para formar un aro. Rellenen
a medida que cosan.

MINIGORRO

**(con rosa pastel, con hilado fino *fingering*: 100 g/440 m
y con aguja de crochet de 2,00 mm)**
Repitan el patrón para el gorro de Alberto Gaviota
de la página 128.

FALSO POMPÓN O MINIBOLITA
**(comiencen con amarillo mostaza, con hilado fino
fingering: 100 g/440 m y con aguja de crochet de 2,00 mm)**
**(con rosa pastel, con hilado fino *fingering*: 100 g/440 m
y con aguja de crochet de 2,00 mm)**
1v: Tejan un anillo de 6 mp [6].
Cambien a crema.
2v: 1 aum en cada uno de los 6 mp [12].
Continúen con un patrón a raya, alternando 1 vuelta
en color amarillo mostaza con 1 en crema.
3v: (1 mp, 1 aum) repitan 6 veces [18].
4v-6v: 1 mp en cada uno de los 18 mp [18].
7v: (1 mp, 1 dism) repitan 6 veces [12].
Rellenen un poquito.
8v: 6 dism [6].
Corten dejando una hebra larga para coser.
Cosan el pompón en la parte superior del gorro.

ARO SALVAVIDAS

(comiencen con color crema)
Tejan 40 p cad. Asegúrense de que la cadena no
esté torcida y unan ambos extremos con 1 p enano.
Continúen trabajando en espiral. Tejan alternando
crema y rosa pastel. El color con el que se trabaja
se indica entre paréntesis.
1v: ((*crema*) 4 mp, 1 aum, (*rosa pastel*) 4 mp, 1 aum)
repetir 4 veces [48].
2v: ((*crema*) 5 mp, 1 aum, (*rosa pastel*) 5 mp, 1 aum)
repetir 4 veces [56].
3v: ((*crema*) 6 mp, 1 aum, (*rosa pastel*) 6 mp, 1 aum)
repetir 4 veces [64].
4v: ((*crema*) 7 mp, 1 aum, (*rosa pastel)* 7 mp, 1 aum)
repetir 4 veces [72].
5v: ((*crema*) 8 mp, 1 aum, (*rosa pastel*) 8 mp, 1 aum)
repetir 4 veces [80].
6v-15v: ((*crema*) 10 mp, (*rosa pastel*) 10 mp) repetir
4 veces [80].

Roberto Salchicha

Si buscan la palabra "alegría" en el diccionario, es probable que se encuentren con la foto de Roberto. Siempre está con una sonrisa dibujada en el rostro, y anda por la vida dándole una patita a quien quiera que la necesite. Es el mejor escuchando, y tiene la hermosa habilidad de encontrar el lado positivo en todas las situaciones. Lógicamente, como todo ser alegre, ama la comida italiana. Por eso tampoco es de extrañar que haya elegido trabajar en un pequeño y encantador hotel en Italia, donde recibe a todo el mundo con esa gran sonrisa, charlando e intentando ayudar a cada huésped a que pase el mejor momento. Por supuesto, les indica dónde probar la mejor comida italiana. Podríamos decir que el único defecto de Roberto es su irremediable debilidad por el ajo, atributo que puede ser un problema cuando tu trabajo es recibir a huéspedes con una gran sonrisa.

NIVEL: ★★

Tamaño:
20 cm de alto y 30 cm de largo

Materiales:
– Hilo de algodón mediano (*worsted*: 100 g/170 m) en:
 ·amarillo mostaza
 ·negro
 ·crudo
 ·verde azulado
– Aguja de crochet de 2,75 mm (C-2)
– Ojos plásticos de seguridad ovales (12 × 8 mm)
– Vellón siliconado
– Aguja de tapicería

Conocimientos necesarios:
anillo mágico (página 32), cambiar de color al inicio de vuelta (página 35), dividir el cuerpo en 4 partes (en el patrón), punto atrás (página 38), unir partes (página 39), bordar (página 38).

Nota: El cuerpo y las patas están tejidos en una sola pieza.

CABEZA

(comiencen con negro)
Comiencen por la nariz.
1v: Tejan un anillo de 6 mp [6].
2v: 1 aum en cada uno de los 6 mp [12].
3v-6v: 1 mp en cada uno de los 12 mp [12].
Cambien a amarillo mostaza.

Nota: Cuando corten la hebra de color negro, dejen una hebra larga para luego bordar la boca.

7v: (1 mp, 1 aum) repitan 6 veces [18].
8v-11v: 1 mp en cada uno de los 18 mp [18].
12v: 8 mp, 2 aum, 8 mp [20].
13v-14v: 1 mp en cada uno de los 20 mp [20].
15v: 9 mp, 1 aum, 1 mp, 1 aum, 8 mp [22].

16v-17v: 1 mp en cada uno de los 22 mp [22].
18v: 10 mp, 1 aum, 2 mp, 1 aum, 8 mp [24].
19v-20v: 1 mp en cada uno de los 24 mp [24].
21v: 7 mp, (1 aum, 1 mp) repitan 5 veces, 1 aum, 6 mp [30].
22v: 1 mp en cada uno de los 30 mp [30].
23v: 8 mp, (1 aum, 2 mp) repitan 5 veces, 1 aum, 6 mp [36].
24v: 1 mp en cada uno de los 36 mp [36].
25v: 9 mp, (1 aum, 3 mp) repitan 5 veces, 1 aum, 6 mp [42].
26v-27v: 1 mp en cada uno de los 42 mp [42].
Con negro, borden la boca: 15 puntadas verticales, entre las vueltas 7 a 21, y 10 puntadas horizontales, entre las vueltas 21 y 22. Rellenen la nariz.
28v: 10 mp, (1 aum, 4 mp) repitan 5 veces, 1 aum, 6 mp [48].
29v-35v: 1 mp en cada uno de los 48 mp [48].
Coloquen los ojos de seguridad entre las vueltas 26 y 27, con un espacio de 20 p entre sí.
36v: (6 mp, 1 dism) repitan 6 veces [42].
37v: 1 mp en cada uno de los 42 mp [42].
38v: (5 mp, 1 dism) repitan 6 veces [36].
39v: (4 mp, 1 dism) repitan 6 veces [30].
40v: (3 mp, 1 dism) repitan 6 veces [24].
Rellenen la cabeza.
41v: (2 mp, 1 dism) repitan 6 veces [18].

42v: (1 mp, 1 dism) repitan 6 veces [12].
43v: 6 dism [6].
Corten dejando una hebra larga para cerrar los
últimos 6 p. Con la aguja de tapicería, pasen por
el centro de cada punto y ajusten. Rematen.

CUERPO

(comiencen con amarillo mostaza)
Empiecen por el cuello.
Tejan 20 cad. Al comenzar la cadena, dejen una
hebra larga para coser el cuerpo a la cabeza.

Asegúrense de que no esté torcida y unan ambos
extremos con 1 p enano. Continúen trabajando
en espiral.
1v-2v: 1 mp en cada uno de los 20 mp [20].
Continúen trabajando en un patrón a rayas, alternando
1 vuelta en color crudo con 1 en verde azulado.
3v: (4 mp, 1 aum) repitan 4 veces [24].
4v-5v: 1 mp en cada uno de los 24 mp [24].
6v: (5 mp, 1 aum) repitan 4 veces [28].
7v-9v: 1 mp en cada uno de los 28 mp [28].
Cambien a amarillo mostaza.
10v: Tejan 31 cad. Coloquen el marcador de puntos
en el primer punto que tejan a continuación, ya que
será el nuevo inicio de las vueltas a partir de ahora.
Insertando la aguja en el segundo punto desde la
aguja, tejan sobre la cadena, 1 aum, 29 mp, 1 mp sobre
el medio punto donde inicia la cadena base. Continúen
sobre el cuello, solo tomando la hebra trasera, 28 mp.
Sigan sobre el otro lado de la cadena, 30 mp [90].
11v: 1 mp, 1 aum, 87 mp, 1 aum [92].
12v: 2 mp, 1 aum, 88 mp, 1 aum [94].
13v: 3 mp, 1 aum, 89 mp, 1 aum [96].
14v-20v: 1 mp en cada uno de los 96 mp [96].
No corten la hebra.

PATAS

Dividan el tejido para hacer las 4 patas de la siguiente
manera:

PRIMERA PATA TRASERA
Primero, ubiquen el punto central en la parte trasera
del cuerpo del perro (donde estará la cola). De no
encontrarse en ese lugar del trabajo, tejan o destejan
hasta llegar a ese punto. Luego, tejan 1 mp. Coloquen
un marcador de puntos en el siguiente punto que tejan.
Tejan 9 mp, 7 cad. Unan la última cadena y el punto con
el marcador haciendo 1 mp (o 1 p enano).
De esta forma, la pata estará formada por 9 mp en el
cuerpo y 7 p cad. Continúen trabajando en la primera
pata trasera.

1v: 1 mp en cada uno de los 16 mp (9 mp en el cuerpo y 7 mp en la cad) [16].
2v-3v: 1 mp en cada uno de los 16 mp [16].
4v: (6 mp, 1 dism) repitan 2 veces [14].
5v: 1 mp en cada uno de los 14 mp [14].
6v: (5 mp, 1 dism) repitan 2 veces [12].
7v: 1 mp en cada uno de los 12 mp [12].
8v: 6 dism [6].
Corten dejando una hebra larga para cerrar los últimos 6 p. Con la aguja de tapicería, pasen por el centro de cada punto y ajusten hasta cerrar el agujero. Rematen.

PRIMERA PATA DELANTERA

Cuenten 27 mp desde la primera pata trasera, hacia la izquierda (la separación entre las patas traseras y delanteras, la panza). Con amarillo mostaza, retomen el tejido en el punto 28.

Tejan 9 mp, 7 cad. Unan la última cadena y el punto donde se encuentra el marcador haciendo 1 mp (o 1 p enano).

1v-8v: repitan el patrón de la primera pata trasera.

SEGUNDA PATA DELANTERA

Cuenten 3 p desde la primera pata delantera, hacia la izquierda (la separación entre las patas delanteras). Con amarillo mostaza, retomen el tejido en el punto 4.

Tejan 9 mp, 7 cad. Unan la última cadena y el punto donde se encuentra el marcador haciendo 1 mp (o 1 p enano).

1v-8v: Repitan el patrón de la primera pata trasera.

SEGUNDA PATA TRASERA

Cuenten 27 mp desde la segunda pata delantera hacia la izquierda (el otro lado de la panza). Con amarillo mostaza, retomen el tejido en el punto 28.

Tejan 9 mp, 7 cad. Unan la última cadena y el punto donde se encuentra el marcador haciendo 1 mp (o 1 p enano).

1v-8v: repitan el patrón de la primera pata trasera.

PANZA

La panza se hace tejiendo una solapa pequeña en cada uno de los dos espacios de 3 p entre las patas traseras y delanteras y una solapa grande en el espacio de 27 p a los costados.

Comiencen por el espacio de 27 p. Con amarillo mostaza, retomen en el primer punto siguiente a la primera pata trasera (la primera pata que hicieron). Tejan en hileras, en ida y vuelta.

1v-10v: 1 mp en cada uno de los 27 mp, 1 cad y giren [27]. Corten dejando una hebra larga para coser.

SOLAPAS ENTRE LAS PATAS

Para la solapa posterior, con amarillo mostaza retomen desde el primer punto siguiente a la segunda pata trasera. Tejan en hileras, en ida y vuelta.

1v-4v: 1 mp en cada uno de los 3 mp, 1 cad y giren [3]. Corten dejando una hebra larga para coser. Trabajen la solapa frontal de la misma manera.

ARMADO DEL CUERPO

Con la aguja de tapicería, cosan la solapa frontal a las patas delanteras y la solapa posterior a las patas traseras. Rellenen bien las 4 patas. Con la aguja de tapicería, cosan el lado más ancho de la solapa de la panza, punto por punto, al otro lado del cuerpo. Luego, cosan la solapa de la panza a las patas y las solapas entre ellas, rellenando el cuerpo a medida que cosan. Si es necesario, y para que quede más firme, agreguen más relleno a la base del cuello antes de coser la cabeza.

Nota: *Quizá noten que el cuello de mi perro salchicha parece tener solo una vuelta en amarillo mostaza antes del patrón de rayas, en lugar de dos. La razón es que utilicé la primera vuelta para coser firmemente la cabeza al cuerpo.*

OREJAS

(hagan 2, comiencen con negro)

1v: Tejan un anillo de 6 mp [6].
2v: 1 aum en cada uno de los 6 mp [12].
3v: (1 mp, 1 aum) repitan 6 veces [18].
4v: 1 mp en cada uno de los 18 mp [18].
5v: (2 mp, 1 aum) repitan 6 veces [24].
6v-8v: 1 mp en cada uno de los 24 mp [24].
9v: (4 mp, 1 dism) repitan 4 veces [20].
10v-11v: 1 mp en cada uno de los 20 mp [20].
12v: (3 mp, 1 dism) repitan 4 veces [16].
13v-18v: 1 mp en cada uno de los 16 mp [16].
Corten dejando una hebra larga para coser. No las rellenen. Aplánenlas y cósanlas entre las vueltas 29 y 36 de la cabeza.

COLA

(con negro)

1v: Tejan un anillo de 5 mp [5].
2v-4v: 1 mp en cada uno de los 5 mp [5].
Corten dejando una hebra larga para coser. No necesita relleno. Cosan la cola en la parte trasera, centrada entre las vueltas 10 y 11 del cuerpo.

Amelia Jirafa

Amelia necesita saber cómo funcionan las cosas. Por eso pasa horas desarmando y (re)ensamblando todos los objetos que encuentra. Aunque no siempre logra volver a armar las cosas, lo intenta. Ella quiere verlo todo, hacerlo todo y descubrir cómo funcionan las cosas en todo el mundo. Sin embargo, Amelia tiene miedo a volar, y tampoco se le da muy bien montar en barco. Por suerte, descubrió que la carrera de Ingeniería mecánica le permitirá no solo aprender a armar lo que desarma, sino también charlar con pilotos y marineros, y escucharlo todo sobre sus viajes y aventuras sin tener que subirse a ninguna nave. Pero ahora que está aprendiendo sobre los mecanismos de todos esos maravillosos inventos, su próximo desafío es encontrar el coraje necesario para hacer sus primeras incursiones en ambas formas de viajar y, finalmente, ver el mundo que tanto desea descubrir.

NIVEL: ★★

Tamaño:
50 cm (cuernos incluidos)

Materiales:
– Hilo de algodón mediano (worsted: 100 g/170 m) en:
· gris cálido claro
· crudo
· gris grafito
· rosa pastel
· negro
· verde azulado
– Aguja de crochet de 2,75 mm (C-2)
– Vellón siliconado
– Aguja de tapicería

Conocimientos necesarios:
anillo mágico (página 32), dividir el cuerpo en 4 partes (página 160), tejer a ambos lados de la cadena base para hacer la columna del muñeco (página 34), unir partes (página 39), bordar (página 38).

Nota: *La cabeza, el cuerpo y las patas están tejidos en una sola pieza.*

BLANCO DE LOS OJOS

(hagan 2, con crudo)
Tejan 5 cad. Tejan a ambos lados de la cadena base.
1v: Comiencen en el segundo punto cadena desde la aguja, 1 aum, 2 mp, 3 mp en el último punto. Continúen al otro lado de la cadena base, 3 mp [10].
2v: 1 mp, 1 aum, 2 mp, 1 aum, 1 mp, 1 aum, 2 mp, 1 aum [14].
Corten dejando una hebra larga para coser. Con negro, borden el ojo.

HOCICO

(comiencen con crudo)
1v: Tejan un anillo de 6 mp [6].
2v: 1 aum en cada uno de los 6 mp [12].
3v: (1 mp, 1 aum) repitan 6 veces [18].
4v: (2 mp, 1 aum) repitan 6 veces [24].
5v-6v: 1 mp en cada uno de los 24 mp [24].
Cambien a gris cálido claro.
7v: 1 mp en cada uno de los 24 mp [24].
8v: (5 mp, 1 aum) repitan 4 veces [28].
9v-10v: 1 mp en cada uno de los 28 mp [28].
11v: (6 mp, 1 aum) repitan 4 veces [32].
12v-13v: 1 mp en cada uno de los 32 mp [32].
14v: (7 mp, 1 aum) repitan 4 veces [36].
15v: 1 mp en cada uno de los 36 mp [36].
Corten dejando una hebra larga para coser.
Con negro, borden la nariz y la boca.

CABEZA Y CUERPO

(comiencen con gris cálido claro)
1v: Tejan un anillo de 6 mp [6].
2v: 1 aum en cada uno de los 6 mp [12].
3v: (1 mp, 1 aum) repitan 6 veces [18].

4v: (2 mp, 1 aum) repitan 6 veces [24].

5v: (3 mp, 1 aum) repitan 6 veces [30].

6v: (4 mp, 1 aum) repitan 6 veces [36].

7v-20v: 1 mp en cada uno de los 36 mp [36].
Cosan el hocico entre las vueltas 6 y 18, del lado opuesto al inicio de las vueltas. Rellenen antes de terminar de coser.

Nota: Como el hocico es un poco grande para la cabeza de la jirafa, es posible que coserlo en este momento sea un poco molesto. En mi caso, lo prefiero así, pero si no están teniendo un buen día, quizá prefieran coserlo después de haber terminado y rellenado el cuerpo.

Cosan los ojos entre las vueltas 11 y 17, justo al lado del hocico. Con rosa pastel, borden las mejillas bajo los ojos. Continúen con un patrón a rayas, alternando 2 vueltas en color gris grafito con 2 en crudo.
Rellenen la cabeza y continúen rellenando el cuello a medida que tejan.

Nota: Los aumentos tienen que quedar en el centro de la espalda. Si no están allí al comenzar la vuelta 21, tejan o destejan hasta llegar a ese punto.

21v: 1 aum, 35 mp [37].

Nota: Para mantener más o menos recta la línea de cambio de color, pueden hacerlo encima del segundo medio punto de cada aumento.

22v-28v: 1 mp en cada uno de los 37 mp [37].

29v: 1 mp, 1 aum, 35 mp [38].

30v-36v: 1 mp en cada uno de los 38 mp [38].

37v: 2 mp, 1 aum, 35 mp [39].

38v-44v: 1 mp en cada uno de los 39 mp [39].

45v: 3 mp, 1 aum, 35 mp [40].

46v-52v: 1 mp en cada uno de los 40 mp [40].

53v: 4 mp, 1 aum, 35 mp [41].

54v-60v: 1 mp en cada uno de los 41 mp [41].
Cambien a verde azulado.

61v: 5 mp, 1 aum, 35 mp [42].

62v: 1 mp en cada uno de los 42 mp [42].
Cambien a gris cálido.

63v: Tejan tomando solo una hebra trasera, 1 mp en cada uno de los 42 mp [42].

64v: Ubiquen el punto central en la espalda del cuerpo de la jirafa. De no encontrarse en ese lugar, tejan o destejan hasta llegar a ese punto. Luego, tejan 12 cad. Coloquen el marcador de puntos en el primer punto que tejan a continuación, ya que será el nuevo inicio de las vueltas a partir de ahora. Insertando la aguja en el segundo punto desde la aguja, tejan sobre la cadena, 11 mp, 1 mp sobre el medio punto donde inicia la cadena base. Continúen sobre el cuello, 42 mp. Continúen sobre el otro lado de la cadena, 10 mp, 1 aum [66].

65v: 1 mp, 1 aum, 28 mp. (1 aum, 1 mp) repitan 2 veces, 1 aum, 28 mp, 1 aum, 1 mp, 1 aum [72].

66v: 2 aum, 68 mp, 2 aum [76].

67v: 2 mp, 1 aum, 69 mp 1 aum, 3 mp [78].

68v: 3 mp, 1 aum, 31 mp (1 aum, 2 mp) repitan 2 veces, 1 aum, 32 mp, 1 aum, 3 mp [83].

69v: 1 aum, 3 mp, 1 aum, 74 mp, 1 aum, 3 mp [86].

70v-81v: 1 mp en cada uno de los 86 mp [86].
No corten la hebra.

PATAS

Dividan el tejido para hacer las 4 patas de la siguiente manera:

PRIMERA PATA TRASERA

Primero, ubiquen el punto central en la parte trasera del cuerpo de la jirafa (donde estará la cola). De no encontrarse en ese lugar del trabajo, tejan o destejan hasta llegar a ese punto. Luego, tejan 3 mp. Coloquen un marcador de puntos en el siguiente punto que tejan. Tejan 12 mp, 8 cad. Unan la última cadena y el punto con el marcador haciendo 1 mp (o 1 p enano).
De esta forma, la pata estará formada por 12 mp en el cuerpo y 8 p cad. Continúen trabajando en la primera pata trasera:

1v: 1 mp en cada uno de los 20 mp (12 mp en el cuerpo y 8 mp en la cad) [20].

2v-16v: 1 mp en cada uno de los 20 mp [20].
Cambien a crudo.

17v-21v: 1 mp en cada uno de los 20 mp [20].
Cambien a negro.

22v-24v: 1 mp en cada uno de los 20 mp [20].
25v: (2 mp, 1 dism) repitan 5 veces [15].
26v: (1 mp, 1 dism) repitan 5 veces [10].
27v: 5 dism [5].
Corten dejando una hebra larga para cerrar los últimos 5 p.
Con la aguja de tapicería, pasen por el centro de cada punto
y ajusten hasta cerrar el agujero. Rematen.

PRIMERA PATA DELANTERA

Cuenten 13 mp desde la primera pata trasera, hacia la
izquierda (la separación entre las patas traseras y las
delanteras, la panza). Con gris cálido claro, retomen el tejido
en el punto 14.
Tejan 12 mp, 8 cad. Unan la última cadena y el punto donde
se encuentra el marcador haciendo 1 mp (o 1 p enano).
1v-27v: repitan el patrón de la primera pata trasera.

SEGUNDA PATA DELANTERA

Cuenten 6 p desde la primera pata delantera, hacia la izquierda
(la separación entre las patas delanteras). Con gris cálido
claro, retomen el tejido en el punto 7.
Tejan 12 mp, 8 cad. Unan la última cadena y el punto donde
se encuentra el marcador haciendo 1 mp (o 1 p enano).
1v-27v: Repitan el patrón de la primera pata trasera.

SEGUNDA PATA TRASERA

Cuenten 13 mp desde la segunda pata delantera hacia
la izquierda (el otro lado de la panza). Con gris cálido claro,
retomen el tejido en el punto 14.
Tejan 12 mp, 8 cad. Unan la última cadena y el punto donde
se encuentra el marcador haciendo 1 mp (o 1 p enano).
1v-27v: repitan el patrón de la primera pata trasera.

PANZA

La panza se hace tejiendo una solapa pequeña en cada uno de
los dos espacios de 6 p entre las patas traseras y delanteras,
y una solapa grande en el espacio de 13 p a los costados.
Comiencen por el espacio de 13 p. Con gris cálido claro,
retomen en el primer punto siguiente a la primera pata trasera
(la primera pata que hicieron). Tejan en hileras, en ida y vuelta.
1v-14v: 1 mp en cada uno de los 13 mp, 1 cad y giren [13].
Corten dejando una hebra larga para coser.

SOLAPAS ENTRE LAS PATAS

Para la solapa posterior, con gris cálido claro retomen desde el primer punto siguiente a la segunda pata trasera. Tejan en hileras, en ida y vuelta.

1v-4v: 1 mp en cada uno de los 6 mp, 1 cad y giren [6].

Corten dejando una hebra larga para coser. Trabajen la solapa frontal de la misma manera.

ARMADO DEL CUERPO

Con la aguja de tapicería, cosan la solapa frontal a ambas patas delanteras y la solapa posterior a ambas patas traseras.

Rellenen firmemente las 4 patas. Con la aguja de tapicería, cosan el lado más ancho de la solapa de la panza, punto por punto, al otro lado del cuerpo.

Luego, cosan la solapa de la panza a las patas y las solapas entre ellas, rellenando el cuerpo a medida que cosan.

OREJAS

(hagan 2, con gris cálido claro)

1v: Tejan un anillo de 6 mp [6].

2v: (1 mp, 1 aum) repitan 3 veces [9].

3v: (2 mp, 1 aum) repitan 3 veces [12].

4v: 1 mp en cada uno de los 12 pm [12].

5v: (3 mp, 1 aum) repitan 3 veces [15].

6v: 1 mp en cada uno de los 15 mp [15].

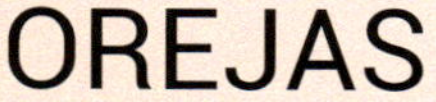

7v: (4 mp, 1 aum) repitan 3 veces [18].

8v-11v: 1 mp en cada uno de los 18 mp [18].

12v: (1 mp, 1 dism) repitan 6 veces [12].

13v-15v: 1 mp en cada uno de los 12 mp [12].

Corten dejando una hebra larga para coser. No las rellenen.

INTERIOR DE LAS OREJAS

(hagan 2, comiencen con crudo)

Tejan 8 cad. Tejan a ambos lados de la cadena base.

1v: Comiencen en el segundo punto cadena desde la aguja, 1 aum, 5 mp, 3 mp en el último punto. Cambien a negro y continúen al otro lado de la cadena base, 1 mp, 2 pmv, 2 pv, 1 pmv [16].

Cambien a crudo. Corten la hebra de color negro.

2v: (1 aum, 7 mp) repitan 2 veces [18].

Terminen con 1 p enano. Corten dejando una hebra larga para coser. Cosan el interior de la oreja de color crudo en el centro de la oreja de color gris cálido claro. Aplánenlas y dóblenlas antes de coserlas entre las vueltas 7 y 10 de la cabeza.

CUERNOS

(hagan 2, comiencen con negro)

1v: Tejan un anillo de 8 mp [8].

2v-3v: 1 mp en cada uno de los 8 mp [8].

Cambien a gris cálido claro.

4v-11v: 1 mp en cada uno de los 8 mp [8].

Corten dejando una hebra larga para coser. Rellenen un poquito. Cósanlos en la parte de arriba de la cabeza, encima de las orejas, entre las vueltas 3 y 5.

COLA

(comiencen con negro)
1v: Tejan un anillo de 5 mp [5].
2v-3v: 1 mp en cada uno de los 5 mp [5].
Cambien a gris cálido claro.
4v-6v: 1 mp en cada uno de los 5 mp [5].
Corten dejando una hebra larga para
coser. No la rellenen. Cosan la cola en la
parte de atrás, centrada entre las vueltas
66 y 67 del cuerpo.

MANCHAS

(hagan 12, con negro)
1v: Tejan un anillo de 8 mp [8].
Corten dejando una hebra larga
para coser. Cosan todas las
manchas de manera aleatoria
sobre el cuerpo de la jirafa.

Eduardo Tiernosaurio

Eduardo es un diplodocus, pero en lugar de tener púas puntiagudas como toda su familia, nació con una colorida mezcla de púas redondeadas en diferentes formas y texturas. Era tan pequeño (tan pequeño como puede serlo uno de los animales más grandes que haya pisado la superficie de la Tierra), tan lindo y colorido, que su tía abuela, la mejor pastelera del mundo, lo llamaba "mi Eduardo Tiernosaurio". Juntos hacían las tortitas más extravagantes, coloridas y llenas de textura, como las maravillosas púas de Eduardo. Ahora, es un dinosaurio adulto y lleva años como pastelero. Es el dinosaurio más feliz que puedan conocer, porque abrió una pastelería con su inseparable amigo, Cosmo Caracol. Y en honor a la mejor tía abuela que jamás haya pisado la Tierra, la pastelería se llama Aunt Cutie Cakes ('Los pasteles de mi tía Cutie')

NIVEL: ★★

Tamaño:
34 cm de altura y 36 cm de largo

Materiales:
– Hilo de algodón mediano (*worsted*: 100 g/170 m) en:
· menta pastel (200 g aprox.)
· crudo
· rosa pastel
· rosa pálido
· naranja terracota
· gris grafito
– Aguja de crochet de 2,75 mm (C-2)
– Ojos plásticos de seguridad (10 mm)
– Vellón siliconado
– Aguja de tapicería

Conocimientos necesarios:
anillo mágico (página 32), tejer a ambos lados de la cadena base para hacer la columna del muñeco (página 34), cambiar de color al inicio de vuelta (página 35), dividir el cuerpo en 4 partes (página 160), unir partes (página 39), bordar (página 38).

Nota: La cabeza, el cuerpo y las patas están tejidos en una sola pieza.

CABEZA Y CUERPO

(con menta pastel)
Tejan 9 cad. Tejan a ambos lados de la cadena base.
1v: Comiencen en el segundo punto cadena desde la aguja, 1 aum, 6 mp, 3 mp en el último punto. Continúen al otro lado de la cadena base, 7 mp [18].
2v: 2 aum, 6 mp, 3 aum, 6 mp, 1 aum [24].
3v: (1 mp, 1 aum) repitan 2 veces, 7 mp, (1 aum, 1 mp) repitan 2 veces, 1 aum, 7 mp, 1 aum [30].
4v: (1 mp, 1 aum) repitan 3 veces, 8 mp, (1 aum, 1 mp) repitan 3 veces, 1 aum, 8 mp, 1 aum [38].
5v: (1 aum, 2 mp) repitan 2 veces, 1 aum, 12 mp, (1 aum, 2 mp) repitan 2 veces, 1 aum, 12 mp [44].
6v: (1 aum, 3 mp) repitan 2 veces, 1 aum, 13 mp, (1 aum, 3 mp) repitan 2 veces, 1 aum, 13 mp [50].
7v: (4 mp, 1 aum) repitan 10 veces [60].
8v-16v: 1 mp en cada uno de los 60 mp [60].
Coloquen los ojos de seguridad entre las vueltas 11 y 12, con un espacio al frente de unos 35 p entre sí. Con rosa pastel, borden los cachetes.

Nota: Las disminuciones en las vueltas 17 a 21 tienen que quedar alineadas con la frente de la cabeza del dinosaurio. Si es necesario, tejan o destejan hasta llegar a ese punto para que la cabeza quede bien moldeada.

17v: 24 mp, (1 dism, 3 mp) repitan 5 veces, 1 dism, 9 mp [54].
18v: 23 mp, (1 dism, 2 mp) repitan 5 veces, 1 dism, 9 mp [48].
19v: (6 mp, 1 dism) repitan 6 veces [42].
20v: 19 mp, (1 dism, 1 mp) repitan 5 veces, 1 dism, 6 mp [36].
21v: 16 mp, (1 dism, 1 mp) repitan 5 veces, 1 dism, 3 mp [30].
22v: (3 mp, 1 dism) repitan 6 veces [24].
23v: 15 mp, 1 dism, 3 mp, 1 dism, 2 mp [22].
24v: 1 mp en cada uno de los 22 mp [22].
Rellenen la cabeza y continúen rellenando a medida que tejan.
25v: 15 mp, 1 aum, 3 mp, 1 aum, 2 mp [24].
26v-28v: 1 mp en cada uno de los 24 mp [24].
29v: 16 mp, 1 aum, 5 mp, 1 aum, 1 mp [26].
30v-32v: 1 mp en cada uno de los 26 mp [26].
33v: 17 mp, 1 aum, 6 mp, 1 aum, 1 mp [28].
34v-36v: 1 mp en cada uno de los 28 mp [28].
37v: 5 mp, 1 aum, 3 mp, 1 aum, 8 mp, 1 aum, 7 mp, 1 aum,
1 mp [32].
38v-40v: 1 mp en cada uno de los 32 mp [32].
41v: 6 mp, 1 aum, 4 mp, 1 aum, 9 mp, 1 aum, 8 mp, 1 aum,
1 mp [36].
42v-46v: 1 mp en cada uno de los 36 mp [36].
47v: Ubiquen el punto central en la espalda del cuerpo del
tiernosaurio. De no encontrarse en ese lugar, tejan o destejan
hasta llegar a ese punto (tuve que tejer 11 p para llegar a ese
lugar). Luego, tejan 15 cad. Coloquen el marcador de puntos
en el primer punto que tejan a continuación, ya que será el
nuevo inicio de las vueltas (esta cadena base es la columna del
muñeco, ha de quedar justo a la mitad). Insertando la aguja
en el segundo punto cadena desde la aguja, tejan sobre la
cadena, 1 aum, 13 mp, 1 mp sobre el medio punto donde inicia
la cadena base. Continúen sobre el cuerpo, 12 mp, 1 aum,
9 mp, 1 aum, 13 mp. Continúen sobre el otro lado de la cadena,
14 mp [68].
48v: 2 aum, 65 mp, 1 aum [71].
49v: (1 mp, 1 aum) repitan 2 veces, 66 mp, 1 aum [74].
50v: (2 mp, 1 aum) repitan 2 veces, 27 mp, 1 aum, 10 mp,
1 aum, 28 mp, 1 aum [79].
51v: 2 mp, 1 aum, 3 mp, 1 aum, 70 mp, 1 aum, 1 mp [82].
52v: 1 mp, (1 aum, 2 mp) repitan 2 veces, 1 aum, 72 mp,
1 aum, 1 mp [86].
53v-68v: 1 mp en cada uno de los 86 mp [86].
No corten la hebra.

PATAS

Dividan el tejido para hacer las 4 patas de la
siguiente manera:

PRIMERA PATA TRASERA

Primero, ubiquen el punto central en la parte
trasera del cuerpo del tiernosaurio (donde estará
la cola). De no encontrarse en ese lugar del
trabajo, tejan o destejan hasta llegar a ese punto.
Luego, tejan 2 mp. Coloquen un marcador de
puntos en el siguiente punto que tejan. Tejan
13 mp, 8 cad. Unan la última cadena y el punto
con el marcador haciendo 1 mp (o 1 p enano).
De esta forma, la pata estará formada por 13 mp
en el cuerpo y 8 p cad. Continúen trabajando en la
primera pata trasera:
1v: 1 mp en cada uno de los 21 mp (13 mp en el
cuerpo y 8 mp en la cad) [21].
2v-12v: 1 mp en cada uno de los 21 mp [21].
13v: (1 mp, 1 dism) repitan 7 veces [14].
14v: 7 dism [7].
Corten dejando una hebra larga para cerrar los
últimos 7 p. Con la aguja de tapicería, pasen por
el centro de cada punto y ajusten hasta cerrar el
agujero. Rematen.

PRIMERA PATA DELANTERA

Cuenten 13 mp desde la primera pata trasera,
hacia la izquierda (la separación entre las patas
traseras y delanteras, la panza). Con menta pastel,
retomen el tejido en el punto 14.
Tejan 13 mp, 8 cad. Unan la última cadena y el
punto donde se encuentra el marcador haciendo
1 mp (o 1 p enano).
1v-14v: Repitan el patrón de la primera pata
trasera.

SEGUNDA PATA DELANTERA

Cuenten 4 p desde la primera pata delantera, hacia la izquierda (la separación entre las patas delanteras). Con menta pastel, retomen el tejido en el punto 5. Tejan 13 mp, 8 cad. Unan la última cadena y el punto donde se encuentra el marcador haciendo 1 mp (o 1 p enano).

1v-14v: Repitan el patrón de la primera pata trasera.

SEGUNDA PATA TRASERA

Cuenten 13 mp desde la segunda pata delantera hacia la izquierda (el otro lado de la panza). Con menta pastel, retomen el tejido en el punto 14. Tejan 13 mp, 8 cad. Unan la última cadena y el punto donde se encuentra el marcador haciendo 1 mp (o 1 p enano).

1v-14v: repitan el patrón de la primera pata trasera.

PANZA

La panza se hace tejiendo una solapa pequeña en cada uno de los dos espacios de 4 p entre las patas traseras y delanteras y una solapa grande en el espacio de 13 p a los costados.

Comiencen por el espacio de 13 p. Con menta pastel, retomen en el primer punto siguiente a la primera pata trasera (la primera pata que hicieron). Tejan en hileras, en ida y vuelta.

1v-12v: 1 mp en cada uno de los 13 mp, 1 cad y giren [13]. Corten dejando una hebra larga para coser.

SOLAPAS ENTRE LAS PATAS

Para la solapa posterior, con menta pastel retomen desde el primer punto siguiente a la segunda pata trasera. Tejan en hileras, en ida y vuelta.

1v-4v: 1 mp en cada uno de los 4 mp, 1 cad y giren [4]. Corten dejando una hebra larga para coser. Trabajen la solapa frontal de la misma manera.

ARMADO DEL CUERPO

Con la aguja de tapicería, cosan la solapa frontal a ambas patas delanteras y la solapa posterior a ambas patas traseras.

Rellenen firmemente las 4 patas. Con la aguja de tapicería, cosan el lado más ancho de la solapa de la panza, punto por punto, al otro lado del cuerpo.

Luego, cosan la solapa de la panza a las patas y las solapas entre ellas, rellenando el cuerpo a medida que cosan.

COLA

(con menta pastel)

1v: Tejan un anillo de 6 mp [6].

2v: 1 mp en cada uno de los 6 mp [6].

3v: (1 mp, 1 aum) repitan 3 veces [9].

4v-5v: 1 mp en cada uno de los 9 mp [9].

6v: (2 mp, 1 aum) repitan 3 veces [12].

7v-8v: 1 mp en cada uno de los 12 mp [12].

9v: (3 mp, 1 aum) repitan 3 veces [15].

10v-11v: 1 mp en cada uno de los 15 mp [15].

12v: (4 mp, 1 aum) repitan 3 veces [18].

13v-14v: 1 mp en cada uno de los 18 mp [18].
15v: (5 mp, 1 aum) repitan 3 veces [21].
16v-17v: 1 mp en cada uno de los 21 mp [21].
18v: (6 mp, 1 aum) repitan 3 veces [24].
19v-20v: 1 mp en cada uno de los 24 mp [24].
21v: (7 mp, 1 aum) repitan 3 veces [27].
22v-23v: 1 mp en cada uno de los 27 mp [27].
24v: (8 mp, 1 aum) repitan 3 veces [30].
25v-26v: 1 mp en cada uno de los 30 mp [30].
27v: (9 mp, 1 aum) repitan 3 veces [33].
28v-29v: 1 mp en cada uno de los 33 mp [33].
30v: (10 mp, 1 aum) repitan 3 veces [36].
31v-32v: 1 mp en cada uno de los 36 mp [36].
33v: (11 mp, 1 aum) repitan 3 veces [39].
34v-35v: 1 mp en cada uno de los 39 mp [39].
36v: (12 mp, 1 aum) repitan 3 veces [42].
37v-38v: 1 mp en cada uno de los 42 mp [42].
39v: (13 mp, 1 aum) repitan 3 veces [45].
40v-41v: 1 mp en cada uno de los 45 mp [45].
Corten dejando una hebra larga para coser.
Rellenen. Cosan la cola centrada en la parte de atrás del dinosaurio.

PÚAS

MINIS
(hagan 5: 1 rosa pastel, 1 rosa pálido, 1 rayada gris grafito y crudo y 2 naranja terracota)
1v: Tejan un anillo de 8 mp [8].
2v-4v: 1 mp en cada uno de los 8 mp [8].
Corten dejando una hebra larga para coser.

PEQUEÑAS
(hagan 6: 1 rayada gris grafito y crudo, 1 rosa pálido, 1 naranja terracota y 3 rosa pastel)
1v: Tejan un anillo de 6 mp [6].
2v: 1 aum en cada uno de los 6 mp [12].
3v-6v: 1 mp en cada uno de los 12 mp [12].
Corten dejando una hebra larga para coser.

MEDIANAS
(hagan 3: 1 naranja terracota y 2 rosa pálido)
1v: Tejan un anillo de 6 mp [6].
2v: 1 aum en cada uno de los 6 mp [12].
3v: (1 mp, 1 aum) repitan 6 veces [18].
4v-6v: 1 mp en cada uno de los 18 mp [18].
Corten dejando una hebra larga para coser.

GRANDES
(hagan 2: 1 naranja terracota y 1 rosa pálido)
1v: Tejan un anillo de 8 mp [8]
2v: 1 aum en cada uno de los 8 mp [16].
3v-8v: 1 mp en cada uno de los 16 mp [16].
Corten dejando una hebra larga para coser.

EXTRAGRANDE
(hagan 1, comiencen con gris grafito)
1v: Tejan un anillo de 6 mp [6].
Cambien a crudo.
2v: 1 aum en cada uno de los 6 mp [12].
Continúen con un patrón a rayas, alternando 1 vuelta en color gris grafito con 1 en crudo.
3v: (1 mp, 1 aum) repitan 6 veces [18].
4v-10v: 1 mp en cada uno de los 18 mp [18].
Corten dejando una hebra larga para coser.

ARMADO DE LAS PÚAS
Posicionen las púas en la espalda de Eduardo Tiernosaurio. Coloquen las extragrandes y grandes junto al cuello, seguidas de una mezcla de púas medianas y pequeñas y, finalmente, coloquen las minis al final de la cola. No las rellenen y cósanlas. Rematen.

Gracias a las que me ayudan a seguir adelante y se preocupan por mí, aunque en ocasiones pueda ser un poco peculiar... bueno, la mayor parte del tiempo. Las quiero. Larga vida y prosperidad.